勿使前辈之遗珍失于我手
勿使国术之精神止于我身

功夫架

Gongfu jia

太极拳实用训练

用科学的训练体系，明明白白学太极

朱利尧 著

北京科学技术出版社

图书在版编目（CIP）数据

功夫架：太极拳实用训练 / 朱利尧著. —北京：北京科学技术出版社，2019.8

（百家功夫丛书）

ISBN 978-7-5714-0349-2

Ⅰ.①功… Ⅱ.①朱… Ⅲ.①太极拳–运动训练 Ⅳ.① G852.112

中国版本图书馆CIP数据核字（2019）第117724号

功夫架：太极拳实用训练

作　　者：朱利尧
策划编辑：苑博洋
责任编辑：苑博洋
责任校对：贾　荣
责任印制：张　良
封面设计：异一设计
版式设计：天露霖文化
出 版 人：曾庆宇
出版发行：北京科学技术出版社
社　　址：北京西直门南大街16号
邮政编码：100035
电话传真：0086-10-66135495（总编室）
　　　　　0086-10-66113227（发行部）　0086-10-66161952（发行部传真）
电子信箱：bjkj@bjkjpress.com
网　　址：www.bkydw.cn
经　　销：新华书店
印　　刷：河北鑫兆源印刷有限公司
开　　本：710mm×1000mm　1/16
字　　数：175千字
印　　张：14.5
插　　页：4
版　　次：2019年8月第1版
印　　次：2019年8月第1次印刷
ISBN 978-7-5714-0349-2/G·2921

定　　价：78.00元

序 一

我毕生所钟爱的事业，是公安系统的教育训练工作。我在中国人民公安大学任警务实战教官，主要教授警务实战的技战术课程。我曾多次担任全国公安系统擒拿格斗教官培训的总教官，也曾多次作为中国援外专家担任南美洲多国特警训练基地教官，以及中国维和警察防卫教官。正因为如此，我对传统武术有着浓厚的兴趣，一直视之为中华民族的文化瑰宝。

我友朱利尧先生，痴迷传统武术，是我非常信服的传统太极拳家。我们有幸相识，在武学方面做了全面深入的交流。多年来，朱利尧先生致力于传统太极拳的研究，他在继承传统太极拳的基础上，融入了更多现代科学的训练方法和研究成果，并身体力行地进行传播教学，边实践边修正。正是他这种敢于对传统武术去芜存菁的精神，尤令我尊重。作为教育战线的同道，对于他在太极拳传播上的辛勤耕耘和显著成果，我非常赞赏。

传统武术，作为文化成果流传至今，自然有其自身的价值。但是，如果没有被正确传承和训练，也可能无法满足我们对传统武术最起码的期待。它的发展要与时俱进，要有科学的理念。朱利尧先生正是这样做的，他结合现代科学的理念，勇于在颠覆中传承，对武术的继承和发展起到了积极的作用。

前不久，他把刚刚完成的《功夫架》书稿发给我，想听取我的意见，并请我作序。认真看过整个书稿之后，我很感动。我看到了朱利尧先生在书中倾注的心血和热情，也看到了他对传统武术传承的信心和勇于担当的责任。该书训练方法清楚，拳理论述透彻，实用技击性强，同时又兼顾了养生，对于喜欢技击与养生的人来说，实为一本难得的好书。

我相信这部书会很好地帮助太极拳爱好者提高技艺，继承传统，并将中国这一优秀的文化遗产发扬光大。

献上对传统武术最美好的祝愿。

也祝愿朱利尧先生为弘扬国术而桃李满天下。

中国人民公安大学教授
中国公安擒拿格斗总教官　尹伟

序 二

朱利尧先生是习练"陈式太极拳"的名家，其著作《高手》《练拳》对很多太极拳练习者帮助很大。我因为对太极拳的浓厚兴趣，有幸与先生相识。虽蒙先生不弃并给予指点，可惜因本人"叶公好龙"式的态度，至今在武艺上未能登堂入室，深感惭愧！

朱利尧先生是一位"真实、执着、坦诚"的武者。他的真实体现在将自己对太极拳的理解和盘托出，分享自己身体力行的练习方法，绝不挟技居奇；他的执着体现在对"太极拳"理法孜孜不倦的探索，从传统练习方法的整理，到现代生物力学、运动医学的求证；他的坦诚体现在始终坚持在"肢体运动"的范畴传授太极拳，而少用"阴阳、太极、气"等玄理来解释太极拳。

我作为一名运动医学从业者，非常认同朱利尧先生有关太极拳的理论。比如他提出的"肢体的运动平衡""肢体骨架的规范运动""主动、被动、不动"等太极拳理论，实际上与高尔夫、棒球、网球等运动项目的相关研究异曲同工。

路漫漫其修远兮，吾将上下而求索。这也是朱利尧先生在弘扬太极拳道路上的内心独白。深深感动于先生的努力与坚持，不揣谫陋为之序。望各位太极拳爱好者开卷有益。

复旦大学附属华山医院教授、博士生导师
运动医学科主任医师　　陈疾忤

前　言

　　首先，感谢多年来诸位尊师、前辈、爱友、同道、家人们的提携、爱护和支持。成长之路，虽不免坎坷和艰辛，但最终铭刻在我心中的唯有温暖和爱。作为回报，我只有用自己的真诚和努力，把同样的温暖尽力地传递出去。本书就是这样的努力之果。

　　以下简略的几点，我觉得重要，所以特此说明。

　　本书可做训练手册或教材之用，对教授的对象有明确的定位，所以内容的取舍和详略，都是有所设计的。此书内容不代表我对太极拳全部的认知，也并非最终的技艺水准，请各位贤者鉴察。

　　本书是笔者身体力行之道真诚的总结，除此之外什么也没有。既没有基于吝啬的隐藏，也没有对未知之术虚伪的冒充，更没有故作高深的装扮。

　　本书的呈现方式是苦口婆心地反复说明，唯恐读者不能领会，啰唆之处请谅解。

　　本书所呈现的技艺内容，基于传统，受之于师友。虽不一一列出，但不敢忘恩。我生性不羁，非有意脱离规矩，实在是不能违反天性和本心。所以，若您在书中看到个性痕迹明显的地方，绝不是笔者标新立异，实在是真心流露，不得不如此而已。

朱利尧

目　录

矛盾——太极拳肢体训练的关键

肩上的功夫臂上练

脚上的功夫胯上练

手上的功夫脚上练

矛盾——太极拳
肢体训练的关键

　　太极拳之所以名为"太极"，其实就是告诉你：练这种拳，肢体运动方式是矛盾的。为什么锻炼需要矛盾？因为肢体结构需要运动平衡。

合理训练太极拳

随着物质生活水平的提高和生活节奏的加快，人们对身体亚健康问题越来越重视。为解决久坐、久站等不良工作习惯带来的健康问题，越来越多的人青睐科学、合理的身体锻炼方式，选择习练太极拳，以达到保健养生的目的。因为太极拳是将人体运动力学和肢体结构相结合的训练，在肢体运动范畴，它是讲究方式方法和科学体系的。

其实，在一些发达国家，人们早已着手研究将人体运动力学和肢体结构相结合的训练方法，寻找科学、合理的锻炼方式。有很多太极拳习练者错误地认为，只要运动就是在锻炼，还有人把太极文化、太极哲学凌驾于太极拳训练方法之上。这样就会使习练者遇到两个问题：一是练的人往往摸不着头脑，不知道应该如何掌握它，导致"明明白白"的糊涂人比较多；二是谈到太极拳的理论基础，往往都是很玄妙的阴阳八卦，甚至上升到包容自然、天人合一的层面，且不管这些理论有没有说服力，毕竟思维与实质训练是两回事，它并没有讲清太极拳科学的锻炼本质。当然，我并不否认用阴阳八卦的方法、用古代中国哲学理论来解释太极拳、去修身养性，但如果能用现代的科学理念和体系去揭示它、解释它，去指导太极拳肢体的训练，我觉得是非常有意义的。

太极拳肯定是符合科学的，因为它毕竟是中国几百年来形成而传承下来的一个拳种，但它的科学道理并没有被成体系、成系统地展现给大家。在真正的太极拳习练过程中，肢体各部位的运动方式都是一种矛盾的体现，锻炼过程与我们本能的习惯行为是有区别的，**本能行为越多，锻炼的正确率就越低，这是练拳的一个基本理念。**比如练拳时，小臂顺缠则大臂要逆缠，小腿逆缠时大腿就要顺缠，如果仍按本能的运动方式，那又何必再去刻意磨炼、消耗自己呢？

太极拳之所以名为"太极"，其实就是告诉你：练这种拳，肢体运动方式是矛盾的，因为肢体结构需要运动平衡。外形上，它要求慢打拳架以配合内在的骨架运动，用肢体语言把"对立中统一"的矛盾哲理展示出来，这种符合逻辑的太极拳才是中华民族智慧的结晶。

中国传统武术训练的最大特点就是"节节分家、节节贯穿"八个字。所以在太极拳训练中，我们首先要明确肢体结构，然后做到"节节分家、节节贯穿"。

针对肢体结构合理训练和"武"与"术"的互动要求，我提出了"灵活关节更灵活，固定关节更固定"的理论，"固定关节更固定"目的是训练"武"的基础，"灵活关节更灵活"目的是促进"术"的转换变化。我们习练太极拳，最终要回到"武术"这个本质上。每个招式是干什么用的，劲力走向、技法实施又是怎样完成的，要明白并做到这点就需要"术"去指导训练。当你用"术"去指导、修正、验证你的训练方法，就进入了"功力"训练，才是有目的性的训练，这才叫"拳"。有"武"忘了"术"，或有"术"忘了"武"，是目前练拳人的通病。

人类进化到现在，肢体的结构已经几近完美。每一个关节、每一块肌肉都是"各就各位"的。所以，练拳、锻炼、健身都需要按照人体的"运动规律"和"肢体结构"来进行。无论如何，锻炼身体还要回归到肢体的运动上来。锻炼身体是辛苦的，不是享受，通过锻炼增强新陈代谢，排出身体淤积的毒素，反复补充能量与消耗能量就是一种养生方式，这也是锻炼的乐趣所在。"亚健康"问题更需要我们进行合理的、实实在在的肢体运动锻炼。

本能的行为习惯、锻炼的思维意识、肢体的训练规矩均是不同的。人的肢体行为，从爬行进化到直立行走，都是"本能的行为习惯"。练拳或锻炼时就要明白肢体运动的规则，这个过程我称为"锻炼的思维意识"，在其指导下，人的肢体动作突破本能的随意性，重新按肢体运动结构去训练，这个过程我称为"肢体的训练规矩"。

太极拳的训练是一个矛盾的肢体运动行为。比如说走路，我们都知道膝关节是折叠关节，起固定作用；髋关节是灵活关节，可以左右旋转。但是在我们的本能行为中，膝关节、髋关节都用于站起来、蹲下去，都是起着一个折叠关节的作用。髋关节并没有去旋转，只是靠脊椎来旋转，这是我们的本能。练拳时如果也用这种方式就不对了，练拳就要用胯来旋转（什么是胯，后文会讲述），不能用脊椎去做旋转。再比如说肩关节，我们一直说沉肩坠肘，因为肩关节的运动是最多的，容易超负荷，所以在练拳时肩关节虽然是灵活关节，但要尽量固定住，这样既能传力又能使肩关节得到保护。

"灵活关节要更加灵活，固定关节要更加固定"就是基本的"肢体训练规矩"，这个原则必须重视，它是科学的训练规则。我们的腕、髋、肩、踝关节都是灵活关节，可以向四周转动，要使这些关节更加灵活，就需要我们不停地训练它们，锻炼其柔韧性和关节力矩。我们的肘、膝是固定关节，仅起折叠作用，因此就要更加固定它们。肩关节虽然也是球形关节，但它活动得最多，从物理性能来讲，是容易过度磨损的，肩周炎就是过度磨损的结果。所以，我们在习练拳架时要让肩关节休息，把这个灵活关节暂时当作固定关节。在本能的行为习惯中，脊椎也同样容易过度运动，因而导致腰酸背痛。在太极拳训练中就必须让它们休息，只起传力作用，而非发力作用，左右转动的动作交给盆骨与髋关节来完成。髋关节也是灵活关节，但平时在走、坐、站立时只做折叠运动，左右旋转很少，而去扭动腰椎，这在训练中是不对的。膝关节承载着我们身体的重量，训练中不要左右晃动，否则会出问题的。踝关节从理论上来说，又是一个球形关节，除了伸屈之外，也可做幅度较小的旋转，所以也要加强旋转锻炼。习练拳架时千万不要该"动"的关节不动，不该"动"的关节乱晃，完全违背运动规矩及肢体结构。

训练中的"骨紧肉松"，其实是指两个方面，一是指肌肉放松，二是指关节韧性。通过训练，骨骼之间的对拉、螺旋、拔长而产生拮抗力（又叫"二争力"），全身关节节节拉伸，关节之间副韧带增长，关节内旋转余地扩大，达到最大的关节旋转角度，使关节变得更灵活，肌肉纤维随之拉长，变得更富有爆发力，动作更快、更猛。

松的训练，一般建立在"骨架是车辆，肌肉是乘客"的思维意识上。骨架与关节的训练，实质上就是太极拳的"刚与柔"的训练。肌肉纤维的增长、关节内副韧带的韧性增强，不仅达到了关节力矩训练的目的，而且还纠正了关节间因日常体态问题造成的偏位，当然也锻炼了血管的弹性。所以，正确合理的科学训练，才能呈现出太极拳这一国术瑰宝的真正锻炼功效。

太极拳训练体系

国家体育科学研究所测试的数据告诉我们，人体在 23 周岁时关节力量将达到最高峰，一般持续到 25 周岁以后就开始慢慢下降，并且不可逆转。

关节力，在物理上称之为关节力矩。打个比方，我们在年轻的时候挑 200 斤的重量很轻松，可以挑起来就走，但是上了年纪后，可能连 150 斤都挑不起来了。我们年轻时能蹦能跳，上了年纪却步履蹒跚。这一切的根源，就在于关节力量的退化。再者，我们生活中的常见病如肩周炎、颈椎病、腰椎间盘突出，以及其他关节疾病等，也都是因关节过度劳损所致。因此，对关节的合理训练，不仅影响到人体的力量与速度，更会直接影响身体的健康状况。我在训练中要求的"固定关节更固定，灵活关节更灵活"，便是针对人体各关节的合理训练提出的。经过 8 年不断的研究与教学实践，以及不断的修正，这一太极拳训练体系终于成形，它由五个关键部位搭建起来：肩、胯、臂、脚、手。接下来就讲一讲在肢体训练规矩中身体各部位之间的关系。

肩上的功夫臂上练

按照人类肢体动作的本能习惯，两只手臂可以独立活动，跟躯干没多大关系。比如你可以坐在电脑桌前，一手点着鼠标，一手端着茶杯，两手动作均与身体无关。再如，不论你是站起还是坐下，躯干的动作也与两手无关。也就是说，躯干的力量与两手臂的力量是分开的。人体在动作时若想增加手臂力量，唯一的方式便是将躯干力量与两臂力量合二为一，练武所谓的"功力"就是这个概念。请记住：**躯干与手臂的连接点是肩，要想把躯干力量与手臂力量合二为一，它们的连接点绝对不允许松动，这便是二力合一的核心。**

将躯干与手臂的力量合为一体，不仅得到了上半身的整力，还送来了一个支点：肘关节。两种力量一合，就把肘尖变成了支点，但是当肩松动的时候，这个支点就没有了。这也就是我们需要改进的地方，别再"松肩"了，传统武术的功力丢失，松肩就是原因之一。改变一个坏习惯就能使你的力量成倍增加，这难道不正是武术习练者们梦寐以求的吗？我在教学中将这个训练称为"肩臂合一"，而把胸、肩和大臂连接起来形成的三角区域称为"黄金三角"。

那么，为什么说"肩上的功夫臂上练"呢？因为肩的锁住使得肩与大臂合成了一体，为了强化肩臂合一不断开的效果，在训练中就需要用小臂的运动变化去破坏肩臂合一，在这种破坏力量下所产生的大臂与小臂之间的矛盾拮抗力，便进一步稳固了肩臂合一的效果，同时还把整个背部也拉开了。就像我们常说的，好医生绝对不会"头痛医头，脚痛医脚"，而是通过整体治疗来达到效果。

胯上的功夫肩上练

当肩臂两股力量合一，形成"黄金三角"的时候，你的脊柱就不会再摇晃了，这便改变了人体扭腰旋转的本能习惯，从而迫使盆骨在髋关节上面旋转，也就是转胯。在人类身体结构上其实并没有胯这个关节，但老祖宗为什么偏偏传下来"胯"这个概念呢？"胯"是由盆骨和两个髋

真传课堂

黄金三角的运用

关节组成的，这个组合体被称为胯。

胯的运动方式就是盆骨在两个髋关节上面的转动，不是髋关节在盆骨下的运动，髋关节只在运动过程中起着打开与闭合的作用，以提供盆骨旋转运动的余地和力量的上传。请记住：**盆骨与髋关节组合并进行左右旋转运动所产生的扭力是十分巨大的，这种力量不仅形成了太极拳法中力量最大的左右劲，而且在训练过程中还能使脊椎挺直得到休息。因为只有脊椎挺直不扭动，才可以迫使胯旋转，并通过脊椎使下半身的力量传到手上，达到上下肢的力量整合。**至此，"功力"训练的三步曲已经完成了两步，也就是"黄金三角"的横向整合与胯的转换带来的纵向整合。

真传课堂

胯的运转

胯的运动还是上下中正协调的标杆。在拳架训练过程中，只有用胯带动身体左右旋转，才能得到身体的协调和拳架的修正。要做到这些，必须以"黄金三角"为支撑，去避免脊椎的摇晃，从而迫使"胯"去做旋转运动。因此在训练中要"胯上的功夫肩上练"。

臂上的功夫手上练

众所周知，手臂可以前后左右灵活运动，在本能上都是靠肩关节来调节的。但因为肩臂合一将肩关节固定了，所以手臂自身的左右旋转便只能由小臂的尺骨和桡骨来完成，上下运动由肘、腕两关节的折叠来完成。这既保障了肘部支点的不丢失，也训练了小臂的尺桡二骨的旋转灵活性和肘、腕两关节的折叠灵活性。长期训练还能使大小臂"分家"，提升出拳速度、力度和实用格斗能力。请记住：**大小臂的"分家"是为了训练出一个"力的支点"，也是"武术"中力量、速度、变化的核心之一。**

真传课堂

手臂功夫运用

大小臂的"分家"用老祖宗的话来说就是"沉肩坠肘"，可是老祖宗并没有明确告诉一个度，所以我给它加了一个度，称为"锁肩顶肘"。

为了一个"力的支点"，迫使大小臂"因矛盾而打架"，导致"分家"。在"黄金三角"中，手要灵活自由、施展技艺，而肩不能动，只好请尺桡两骨来帮忙了。肘以固定关节和支点的视角，见证了大小臂兄弟间的"分家"，并做了各司其职的分配：手为主动，小臂为被动，大臂为不动。

脚上的功夫胯上练

这里说的"脚"是指从膝盖以下直到脚底。传统武术一直强调"立地生根，力从脚起"，要想做到这句话，必须训练大小腿"分家"。因为膝关节是折叠关节，与肘关节一样是固定关节，依据"固定关节更固定"的原则，膝关节只允许上下折叠，不允许左右摇晃。所以，对脚在定步状态下的要求就是，小腿到脚底双逆缠，以达到内扣里合的要求，不允许前后左右摆动小腿。需要注意的是，因为下肢有了"胯"的加入，变成了"四个兄弟"——胯、大腿、小腿、脚，从而产生了内外两种运动方式。在定步训练中，外形上，胯为主动，大腿为被动，膝盖以下为不动；内劲上，两脚逆缠为主动，胯与大腿为被动，膝盖与小腿为不动。在动步训练中，脚踝为主动，大腿小腿为被动，胯以上到肘为不动。请记住：**主动、被动、不动是相邻关节"分家"的前提，大、小腿的"分家"是"立地生根"基础，也是产生"裆"劲的原点。**

"黄金三角"迫使"胯的左右旋转"，"胯的左右旋转"带动了大腿的被动转动。因不允许两膝左右摇晃，从而

真传课堂

定步与动步

形成大、小腿之间的矛盾对抗力，达成大、小腿分家的训练目的，踏入了拳语"转换在胯、力从脚起"的门槛要求。

手上的功夫脚上练

为了二力合一与支点不被破坏，"黄金三角"不能变形。由于在训练中固定了肩关节，使本能行为中由肩关节带动手臂的动作受阻，从而迫使两手手指顺逆缠，带动小臂尺骨与桡骨的旋转以及腕、肘两关节的折叠。当然，这些训练应归类于"臂上的功夫手上练"的范畴。但在这里，有一个手上顺逆缠的训练，两手的顺逆缠与两脚的逆缠相合，胯与腕的折叠旋转必须步调一致，二意相通。"手上的功夫脚上练"，目的是训练手掌与脚掌的串联，以得到整体的协调与力量。

作为武术而言，一切肢体训练最终都是汇集到手上去的，太极拳的掤、捋、挤、按、採、挒、肘、靠等劲力与技艺，都需要手去实施和配合。为什么要把手的训练放在最后呢？因为经过肩、胯、臂、脚的训练，肢体的训练规矩已经形成，灵活关节更灵活了，固定关节也固定住了，就可以进入太极拳的核心目标——涨力。涨力就是拮抗力（二争力），它建立在固定关节更固定的基础上，这个拮抗力就是太极拳的刚度，是对太极拳击打到位时的描述。练拳练到最后只有两个地方在用力：手掌与脚掌。踝关节到腕关节都是自然的，只有在瞬间落点时才一沉。总之，练手就是练身弓的开合，打击时劲力从脚起传导到手，肘膝两关节起拮抗作用，尾闾起秤砣作用，踝关节到腕关节起传力作用，瞬间形成身弓，以击打动作为主。防守时劲力

真传课堂

立地生根运用

真传课堂

争力（拮抗力）
的运用

从脚起以肘代手，手为指引方向，肘膝两关节起掎抗作用，尾闾起秤砣作用，以跌摔动作为主。

拳法训练的本质是关节力矩的锻炼。太极拳有句名言叫"打即是化，化即是打"，其实就是关节力矩在拳法各式中单体或复合的运行结果。以上就是本书遵循的太极拳训练体系与逻辑，拳法结构中的细微环节，在后文中将一一详述。

人到成年后，身体力量已经基本成形，虽然经过强化训练能增加三五十公斤的力量，但一旦暂停训练就会马上退化。所以，我们锻炼身体或习练武术要去寻求"结构"训练，结构才是改变力量的要素。明白了肢体运动结构的训练规矩，不仅在强身健体上会得到更合理的指导，还为关节伤痛的康复带来福音，尤其能在武术上大大增强打击力与抗击打能力。练成的肢体运动结构，不会随时间的变化和年龄的增长而退化，也就是说练成的功力能持久保持。

颈椎、脊椎、腰椎是人们出现伤痛最多最严重的部位，导致伤痛的原因基本上是生活中"弯腰低头"的习惯。在武术锻炼中，错误的"含胸拔背""命门外突"和提倡扭腰发力等训练方式也严重损伤了它们。因此，锻炼身体与练武是一回事，锻炼身体需要框架结构才能有的放矢，武术的基础也需要框架结构，太极拳只是用特定的招式，为肢体训练做载体而已。采用合理的太极拳训练体系，最终你会发现，强身健体的目的达到了，武术技艺是附赠给你的。

训练前的几句话

选择习练太极拳，一部分人是为了追求功夫，一部分人是为了寻求修身养性，但共同的目的首先是锻炼身体。在众多的选择中，太极拳应该是一种高级的锻炼方式，它是融劲力、速度、协调、气息、技巧、结构、意念、文化、智慧于一体的综合运动方式。不仅能提高身体素质、精神气质和自卫能力，还能开拓智慧和修行品德，是中华民族的国术瑰宝。

2010 年，我在中央电视台拍摄太极拳解密节目《最高境界的格斗术》时，为了节目的严谨性，与国家体育总

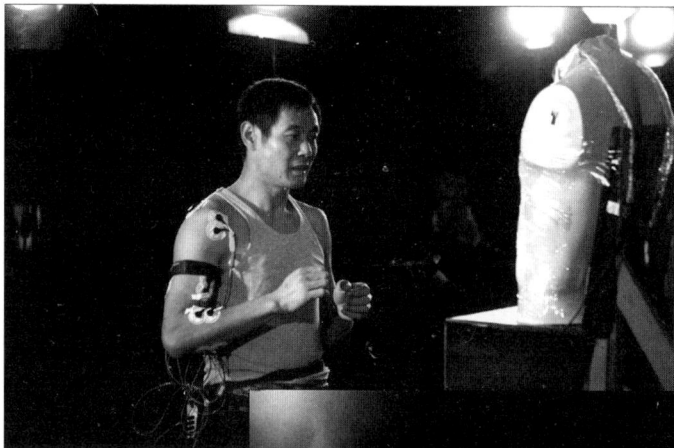

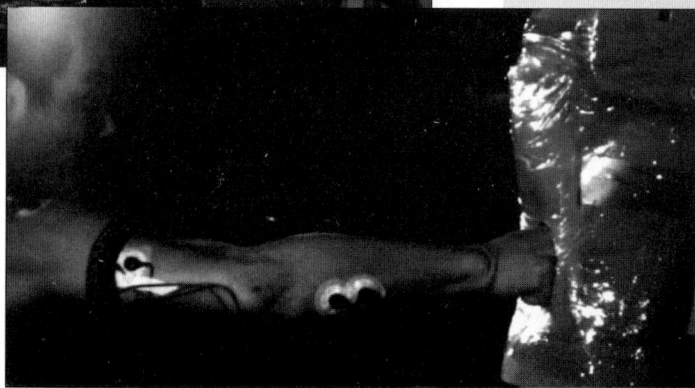

《最高境界的格斗术》拍摄现场

局体育科学研究所合作，采用当时最先进的仪器设备，对拳击、散打、形意拳以及太极拳等不同拳种习练者的肌肉、骨架、关节等多项指标进行测试，用数据来比较不同的拳种训练对人体的影响，并进一步分析太极拳训练的特殊影响。测试的数据结果显示，关节力矩对人体的健康、力量和速度至关重要。这一发现让我对传统武术的训练方法真正开了窍，突然明白自己在武术训练上走了三十几年的弯路，顿悟了老前辈留下的至高拳理：节节分家，节节贯穿。

从此，我每天参考测试数据，研究如何进行更合理的太极拳训练，有不明白的地方便立即去体育科学研究所，当面咨询人体力学专家。在此期间，为了弘扬师父张志俊先生的拳法，我以师父的拳理为基础撰写并出版了《高手》一书，随着《高手》的写作完成，我对太极拳的理解也更进了一步。

2015 年，我的《练拳——颠覆中传承》一书出版。

《高手》

《练拳》

该书的目的是希望能把传统太极拳与现代的科学训练结合起来，将传统拳理与肢体结构、运动力学相结合，使太极拳爱好者们能够明明白白地练拳，能够更合理、更健康、更快捷地获得太极拳功夫。

2010 年至今，我始终没有停止过对传统与科学相结合的太极拳训练方法的研究，并且不断付诸实践。经过近 9 年的研究、实践、修正，我的训练方法渐渐成熟，形成了本书中呈现的体系，弥补了《练拳》一书中没有训练载体的遗憾。我相信，科学的训练是未来锻炼与健身的必然趋势，只要广大太极拳从业者共同努力，太极拳训练在科学性和合理性上一定会更上一层楼。

我师承陈式太极拳，故而依据传统陈式太极拳一路和二路中的技法、劲力特点，糅合为一套 28 式陈式太极拳拳架，并以此作为训练载体，把太极拳的肢体训练规矩、合理的锻炼方法讲述清楚。这个训练体系有六个基本特点，也是一切训练的基础。

一是肢体运动结构的"三节"。在武术训练中，人体结构分为三个大节：胯以下到脚为一节（胯训练好之后，可改变为膝以下为一节）；肘到胯为一节，这两节是"武"的基础；肘到手为一节，这一节是"术"的基础。

二是"黄金三角"。目的是把肢体与手臂的力量整合起来，阻止脊柱的任意摇晃，是训练太极拳"刚"劲的基础。

三是"主动、被动、不动"。目的是训练关节力矩和"节节分家"的拳法要求，也就是训练太极拳"柔"劲的根本。

四是肘和胯的同屈同伸。这不仅是上下力量的整合，也是"卸力"协调的基础。

五是"意在骨架"。太极拳是筋骨拳，"骨架是车辆，肌肉是乘客"，"骨刚肉松关节柔"是太极拳的特色。

六是"灵活关节更灵活，固定关节更固定"。为了做到"骨刚肉松关节柔"，就必须在训练中遵守"灵活关节更灵活，固定关节更固定"的原则，并要求劲达"五梢"。

陈式太极拳 28 式拳架

第一式 太极起势	第八式 白鹤亮翅	第十五式 三换掌	第二十二式 玉女穿梭
第二式 金刚捣碓	第九式 斜行拗步	第十六式 肘底锤	第二十三式 初收
第三式 懒扎衣	第十式 披身锤	第十七式 倒卷肱	第二十四式 前蹚拗步
第四式 六封四闭	第十一式 青龙出水	第十八式 退步压肘	第二十五式 十字摆莲
第五式 单鞭	第十二式 云手	第十九式 中盘	第二十六式 当头炮
第六式 闪通背	第十三式 左右野马分鬃	第二十式 指裆锤	第二十七式 金刚捣碓
第七式 掩手肱锤	第十四式 双推手	第二十一式 双震脚	第二十八式 收势

连贯演示

肩上的功夫臂上练

　　"黄金三角"是太极拳的肢体训练规矩之一。内在劲力上，实现了肩臂二力合一，为把劲力输送到手上打下基础；肢体结构上，训练了横向拉伸，提高上半身框架的刚度，从而得到太极拳中的"刚"。

"黄金三角"

　　"肩上的功夫臂上练"的训练载体是"黄金三角"。首先要明白，练拳要从一个最容易理解和把握的地方入手。比如，上半身的胸、肩、肘，你要先理解这三个点，然后再把这三个点连成一个整体，也就是"黄金三角"的区域。训练"黄金三角"的目的是把躯干的力量与手臂的力量合二为一。

　　肩关节是躯干与手臂二力合一的连接点，需要强调一点，肩本来是灵活关节，但为了传递力量的需要，练拳时要把它当成固定关节，固定、锁死，"黄金三角"才能成立，力量才能输送出来，达到上半身力量的整合。

　　在武术实战对抗中，一旦对方的外力达到己方肩关节，使肩与身体"断开"，那么身体肯定变形而输招，这种现象被称为"力上肩"，所以在武术训练中锁肩是必备的基本功。想要形成一个刚性传力结构，仅仅锁肩还不够，同时还要顶肘，即"锁肩顶肘"，把上臂和身体紧紧连在一起，让大臂和肩产生一种拮抗力（二争力），也为后续小臂与大臂产生拮抗力以及胯的训练打好基础。

基本功：锁肩顶肘

　　1.两手在胸前握拳，拳心向外，拳眼斜相对，锁肩顶

名词

黄金三角：胸、肩、肘三点形成的三角区域。左胸、左肩、左肘为左黄金三角，右胸、右肩、右肘为右黄金三角。通常状态下左右同步训练。

关键

两拳走弧线至腹前的全过程中，左右两肘必须定住，不允许前后左右晃动。

肘，大臂腋下成 45°，拳高于肘。在锁肩顶肘的状态下，两拳顺缠带动两小臂尺骨桡骨旋转，前掤向身前下方走弧线至小腹前，拳心向上，拳面相对。

2. 置于腹前的两拳，由顺缠变逆缠，同时向里折腕并带动小臂尺骨桡骨，使两拳拳背相对，沉肘提腕至胸前，再滚动两小臂尺骨桡骨使两拳至胸前方，两拳心向内。随之，锁肩沉肘向里折腕，逆缠外翻回归起势。

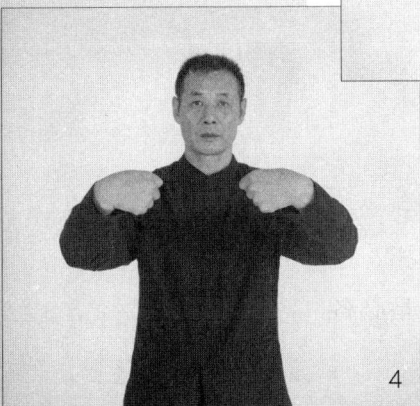

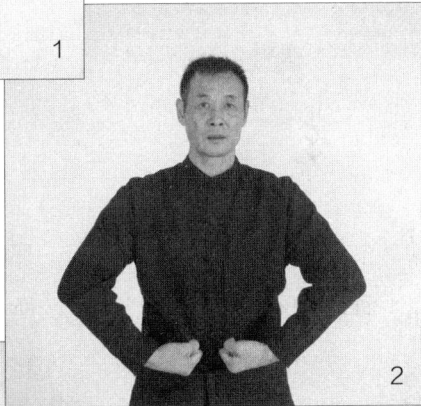

要点

　　整个动作过程中，两肘尽量不要左右前后晃动，两肩平行一字，劲不允许上肩，腋下夹角大小不变，始终保持"黄金三角"不断开。

作用

　　"黄金三角"是太极拳的肢体训练规矩之一。内在劲力上，实现了肩臂二力合一，为把劲力输送到手上打下基础；肢体结构上，训练了横向拉伸，提高上半身框架的刚度，从而得到太极拳中的"刚"。在健身养生方面，"黄金三角"训练也有不可忽视的作用。肩关节是个球形关节，人在本能行为习惯中两臂基本是自由活动的，与肢体处于"断开状态"。我们平时在生活中，长期习惯于颈椎和脊椎弯曲，使它们一直处于纵向的伸拉之中，久而久之，横向的骨架就收缩了，引起关节的淤堵，导致颈椎病和腰背痛。"黄金三角"就是一种横向的伸拉训练，因肩关节的固定连接了身体与大臂，经过两小臂的运动，不仅对肩骨和锁骨进行横向伸拉，还把背上的肌肉纤维拉开了，畅通了大小肠两个经络，使颈椎痛、腰酸背疼等亚健康问题得到了缓解。

招式训练

第一式　太极起势

　　在第一章中，讲述了太极拳训练的目的与肢体结构训

太极起势

练的逻辑。从本章开始，以陈式太极拳 28 式拳架作为载体，逐式教授训练方法。第一式是起势，分为 4 个动作来完成。

|—| 两脚自然站立，两肩平行一字，上身挺直，头往上顶，两肩自然下沉，两手垂于两腿外侧。舌顶上腭，两眼平视前方，精神领起。

关键
头颈伸直。体现出威严的气势与精气神。

要点

要做到头颈伸直、目光平视，那么一定是头往上顶而肩往下沉的，而两肩也自然成一字，这样虚领顶劲就完成了。

1—2 右脚踏实，松胯，掤膝下沉，同时掤提左脚，目视前方。

掤提

要点

左右两手中指微微用力，往下压一下，右胯往下松沉的同时，掤提左脚横跨一步。两手两脚内在劲力相通，上下肢体同步伸屈有对拉之意，两肘与两胯同屈同伸。

1—3 上身挺直，虚领顶劲，右胯掤膝下沉，随之左脚向左画弧线横开一步，脚跟落地，目视前方。

名词

胯：盆骨与一侧的髋关节结合在一起称为胯。比如左胯是指盆骨与左髋结合在一起，而右侧只能称为右髋，不能称为胯了；右胯是盆骨与右髋结合在一起，左侧就不能称胯，只能称为左髋。

名词

掤提：支撑腿松胯掤膝下沉的同时，虚脚脚趾后扒，使脚面绷直并带起小腿，脚后跟找膝窝有相合之意，左右两脚劲力上下对拉呼应。劲点在脚后跟、膝、髋三点上。

关键

手指与脚趾互动。

起势技击法

要点

落脚时劲力含而不丢，肘胯同屈同伸。

实战法

起势在太极拳中，体现的是一个精气神，上下左右劲力贯通，它的技击含义主要体现在脚法上。逆时针画圈横跨一步，是利用勾脚去破坏敌方重心，然后侧踹或踩踏敌方另一条腿，使敌方跌翻在地。

l—4　重心左移，左脚沿脚外侧内扣踏实，同时重心左移身体站直，步幅略宽于肩，两脚尖平行朝前，目视前方。

要点

两手与两脚劲力相通，随身体的站直而把两手置于两腿旁。

点拨提高

∨　起势时两手两脚要微微用力，这样四肢气血才是通的。如果手上不用力，左脚横开一步，脚和上肢就形成了上下不通、僵而断劲的局面，整个身体只有脚在动。所以太极拳的每一招每一式，都必须从两手、两脚微微用力开始，而后劲达四肢，拉开各个关节，为动作的运行创造余地。

∨　运动时身体各部位要互动互停。不要左手到位了，右手还在动，或者手已经到了位，而脚还未落步。先到位的僵死了，未到位的还在动，不仅身体上下不协调，内在劲力也是不通的。所以，要养成上下左右相对应的运动习惯。

∨　出步宽度不要太大，步子的标准就是支撑腿不动、重心不变的情况下，虚腿可以任意变动。如果步子太大，把腿提起来就势必要先调整重心，但在实战中没有这个时间给你。要在不变动重心的状态下，可以随时灵活变换步法。

名词

僵：指动作过程中身法模糊不清，上动下不动，左动忘了右动等。上下肢运动不协调，四肢劲力没有互动。反之，动作过程中有结构的、有劲力互动的节节分家状态称为"松柔"。

错误纠正

● 起势中习练者容易犯的错误是，不沉胯就直接提脚开步落地，导致上下身体不互动，劲力断开。应注意做到肘胯同屈同伸，手与脚相呼应。

● 切忌头随手的变化转来转去，转的应该是眼珠，平时在拳架训练中要把目光的训练也加入进去。眼睛始终要看着假想敌的脸，眼睛余光随手而动。

● 人们往往把两肩微向前、背微弓当成"含胸拔背"了，这是病态姿势，丢失了虚灵顶劲的拳法要求，失去了练武人最基本的精气神。什么是含胸拔背，两肩向后叫挺胸，两肩向前叫窝胸，只有两肩在一个平面上，背挺直，头往上顶，肩往下沉，后背拔长，前胸微含，才是真正的含胸拔背。

真传课堂

含胸拔背的正误

训练功课

　　1. 在头颈伸直、含胸拔背的状态下，两手两脚微微用力，左脚掤提、右脚掤提各练 50 次为 1 组，共练 2 组。注意两肘与两胯要同屈同伸。

　　2. 起势左、右跨步各训练 50 次。

第二式　金刚捣碓

　　本章以强化"黄金三角"的训练为要点，每一式分解训练都要把注意力放在"黄金三角"上，其余的肢体动作只要记住即可。第二式"金刚捣碓"可分解成 8 个动作来完成。

金刚捣碓

2—1　（接上式）虚领顶劲，保持"黄金三角"，松沉左髋，盆骨右转掤右膝带动身体左转。同时两手逆缠，沉肘提起，虎口斜相对，重心六成在右，两脚逆缠里合，目视前方。

要点

　　两手两脚劲力不丢，锁肩顶肘，两手逆缠，带动桡骨尺骨，两腕掤卷，与两肘相呼应，虎口斜相对。上身挺直，内在骨架往上领，肌肉往下垂，形成骨紧肉松，脊柱不允许妄动。上身随胯的转动而旋转，两膝因胯的转换产生不平行状态，一里一外，一高一低，使下盘形成立体三角，支撑稳固。

关键

保持"黄金三角"，别断了"翅膀"。

名词

锁肩顶肘：指在肩关节不松动的状态下，肘部微用力，目的是训练肩与肘的骨架掯抗力。习练者初期往往达不到标准，可以改用"固肩定肘"的方式，等熟练后再进化成"锁肩顶肘"。二者的差别在于一个是肌肉用力，一个是筋骨用力。

真传课堂

胯与轻重虚实

实战法

如敌方左拳打来，我用左手在外侧接手下将，同时左右手提腕前后夹击敌方；也可用于被敌抓住双臂时，沉肘提腕逆缠下压敌双臂的同时，两手一个捋劲打击敌面部；也可用于擒拿。属于开合将捋之劲。

名词

捋劲：在本书中是指回劲，也可以称为弹抖劲、冷劲。与将劲并存。如果说"向心"的弧线是将劲，那么"离心"的弧线就是捋劲。

2—2 松沉右髋，盆骨左转，掤左膝，身体随之右转，同时两手由下向上顺时针走弧线，变双逆缠，经胸前向自己的右膝盖上方弧线按出，双手拇指、双手食指相合，掌心朝外，重心六成在左，目视前方。

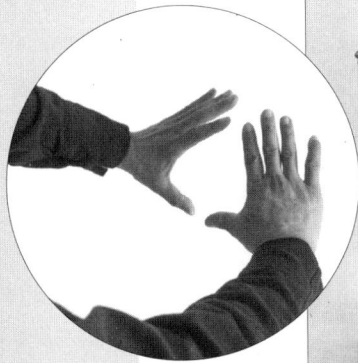

关键

保持"黄金三角"，别断了"翅膀"。

要点

保持两腋夹角不变，左右手的顺逆缠转换、重心转换与两手弧线按出同步完成。"胯的转换"本章暂不详解，后文会重点讲述。

实战法

敌方右拳打来，我用双手从外侧接住敌方手臂下按，左手回拉，右手向前走弧线将对手摔于左侧。如敌抓我两腕，我两手走一个左上弧线后下按，即可解脱。此手法可用于擒拿、摔法与打击，技法核心在于"黄金三角"。属于捋捌之劲。

2—3　松沉左髋，两手顺缠向里折腕，顺时针向右走一个小圈，随之盆骨右移，掤右膝带动身体左转。同时两手变左逆缠右顺缠，走下弧线经腹部向左向上挑捋，左手置于左前方与耳同高，右手在胸前中线，手心斜相对，两手间距约30厘米。重心六成在右，目视前方。

名词

弧线：由下往上走的弧线称为"上弧线"，由上往下走的弧线称为"下弧线"。左手逆时针方向走的弧线为"下弧线"，顺时针方向为"上弧线"。右手则反之。

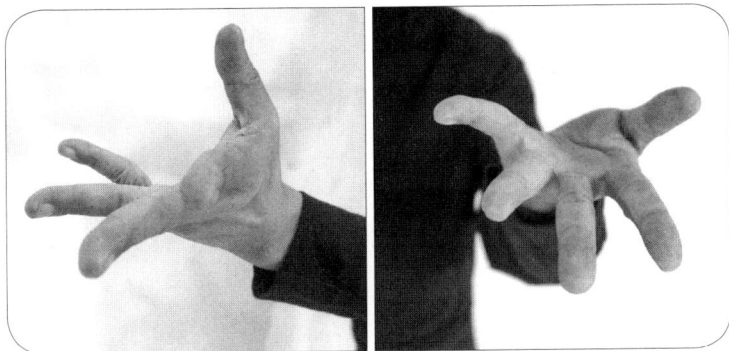

顺缠

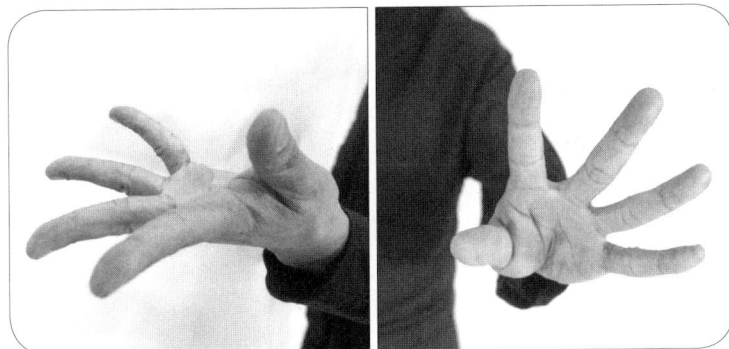

逆缠

要点

　　胯的转换带动两手顺逆缠，走顺时针下弧线上挑，两小腿双逆缠向里合，肘与胯同屈同伸，确保上下协调。意识重点放在"黄金三角"上。

实战法

　　敌方左拳打来，我用左手在外侧接住敌方手腕，同时右手在敌方肘部走一个下弧线上挑，使敌方肘关节受伤。属于掤挒之劲。

2—4　松沉右髋，盆骨左转，掤左膝带动身体右转，同时左手顺缠、右手逆缠走下弧线经腹前向右上挑挒，右手在右耳侧前方，与肩同高，左手在胸前中线，两手心斜相对。右膝前掤，同时右脚以脚跟为轴，脚尖上翘外摆约 70°。

要点

在身体向右旋转的过程中，两手走下弧线上捋、右脚以跟为轴外摆，均随胯的转换同步完成。两手有相合之意，并与左髋关节、右脚脚后跟形成三点对拉，使全身骨架稳固。

实战法

敌方右拳打来，我用双手内侧接手后，迅速翻掌用捌劲击打敌方颈部和面部。或者，若敌方对我实施别腿摔，我右腿松胯下沉的同时，脚尖外摆反摔敌方于身前。再或者，可从敌臂外侧接手，用上挑捋伤敌方肘关节。属于捋捌之劲。

关键

"黄金三角"，别断了"翅膀"。

金刚捣碓技击法一

2—5 松沉左胯，重心移于左脚，落地踏实，同时两手继续上引，变左手逆缠右手顺缠，向后走下弧线顺时针前掤的同时松沉右胯，掤提左脚，向左前方铲出一步。脚后跟落地，脚尖上翘，随之左手前挤，右手画弧线至右腿外侧成手弓形。手心向前下方，两眼目视前方。

手弓形

要点

两肘两膝劲力不丢，不要脚先到位了再扭腰前挤，左手略高于左肘。

实战法

敌方右拳向我打来，我双手在外侧接手，抓住敌方手臂向右后侧捋，同时左脚跨出一步勾在敌方脚后，右手与胯的扭力一合，在敌方右胸横挤，将敌方摔倒于身后。也

名词

捋劲：本书中是指肢体结构、框架不变形，在"掤"的基础上，向左或向右走下弧线运行的劲。也包括上挑捋。

可双手在敌臂外侧接手，往后下捋的同时提膝撞击敌方大腿或肝区。属于掤捋挤捌之劲。

2—6 "黄金三角"不变，松右髋、沉左胯带动身体微左转，两手逆缠带动桡骨尺骨收至胸前成里折腕勾手，左右两手肘指相合，拳背相对。随之，重心右移，身体微左转，同时两手顺缠带动尺骨桡骨向外撩掌，左手在前右手在后，目视前方。

关键
"黄金三角"，别断了"翅膀"。

真传课堂

捋捌之劲

要点

锁肩顶肘，肘胯同屈同伸，两腿内撑外包配合两手撩击。全身骨架稳固，劲达四肢。

实战法

敌方左右两人各抓住我的左右手，我沉肘提腕回拉手臂，并用双逆缠解脱，随之用左右手分别切击敌方颈动脉。属于捋捌之劲。

金刚捣碓技击法二

2—7　保持"黄金三角"不变，左手沉肘，继续逆缠走外弧线，经左耳变下弧线找右小臂合；右手沉肘逆缠，翻掌后变顺缠（S型），走下弧线在胸前右侧掤出。同时，右脚向前点出成虚步，大趾合地。右手小臂内侧与左手腕内侧相合，同时松左胯掤左膝，目视前方。

关键

"黄金三角"，别断了"翅膀"。

要点

右手领右腿时需顶肘前引。右腿成虚步时，虚脚不虚，形虚劲实，左腿形实劲虚。

实战法

若敌方右拳打来，我用左手下捋拨开敌拳，同时右拳击打敌方胸腹。若敌出左拳击来，我用左手从敌手臂内侧接手下捋，同时右手从敌方的手臂内侧穿入，由里往外顺缠里合，使敌方肘关节受伤。属于捋捌之劲。

2—8 "黄金三角"不变。松左胯、掤左膝的同时，右手沉肘前掤，卷指、卷腕、卷小臂上举成拳，同时带起右脚掤提。随之，拳变顺缠带动尺骨桡骨向腹前下落找左手手心相合，同时左手顺缠带动尺骨桡骨落至小腹前与右拳相合，右脚落地踏实。在手合脚踏的同时，下肢沉、上肢拔形成上下对拉，目视前方。

关键
"黄金三角"，别断了"翅膀"。

要点

右手上提时，要一边沉肘一边手指上卷成拳，指肘互动的同时，左胯下沉，右腿掤提。手合、脚踏、上拔一气呵成，劲力含而不丢。

实战法

敌方一拳打来，我用左手由上往下拦截，同时用右拳击打敌方下颌。如被敌方躲过，顺势肘击并用右拳下落连击。提膝是为了保护自己，千万不要认为提膝是撞人的。属于掤捋挤按，劲力全面。

点拨提高

∨　在训练"金刚捣碓"之前，先鉴别一下自己的动作，两腋下的夹角约45°。分开两手，一只手心朝自己，一只手背朝自己，然后顺逆缠旋转，要求通过手指的顺逆缠带动尺骨桡骨旋转，两肘不能上下左右晃动，腋下夹角大小不能变动。如两肘晃动，躯干和手臂的力量就会断开，"翅膀"就断了。我们要把两股力量合一，连接点在肩上。如两腋夹角大小变动，会导致作为劲力连接点的两肩松动而断劲。所以要始终保持"黄金三角"，否则你使用的只是手臂力量，或局部的扭腰力量，构不成整体劲。

∨　太极拳是靠"胯的转换"指挥全局来调节肢体上下左右的运动。不要扭腰，因为腰椎在我们生活中是超负荷的，平时转过来转过去都是本能地转动腰椎，过度劳损导致腰酸背痛。在拳法训练的过程中，就要让腰椎去休息，要求我们转动盆骨与髋关节互动配合。要做到这个动作，必须先固定肩与大臂，保持"黄金三角"不松动，去阻碍脊柱的摇晃。因为有了胯的转动，身体沉下去的时候，两膝是一个低一个高，一个在里一个在外，不是平行的。在练拳过程中，两个膝盖如果是平行的，那么转动的一定是腰不是胯。所以在走架过程中是转腰还是转胯，一眼就看出来了。

错误纠正

●　练拳走架时，容易犯的错误有两手运动时两肘一高一低，两腋夹角一大一小。该动的没动，不该动的妄动，以晃腰替代胯的转换。

●　在动作过程中往往双手左右平移而没有走下弧线，没有保持"黄金三角"。在左右运转过程中，手经常过胸中线，

转胯

转腰

导致腋下夹角变动，两肘摇晃。

● 重心转换时，如果实腿过早伸开，易造成两腿间转换断劲、虚实不分，膝盖与脚尖偏位。

● 如果没有做到劲达四肢，容易犯全身松懈的错误。每一招每一式都要求"骨刚肉松关节柔"，劲达四肢。不能下肢停了上身还在动，或上下左右动作不匹配。

训练功课

　　1."黄金三角"的基本功"卷腕"训练，20 次为 1 组，共练 5 组。

　　2."金刚捣碓"完整动作训练 20 次。

　　"起势"与"金刚捣碓"连起来训练 30 次。

第三式　懒扎衣

懒扎衣

第三式"懒扎衣"可分解为 11 个动作来完成。

3—1 （接上式）上身挺立，保持"黄金三角"，松沉右髋，盆骨左转，掤左膝带动身体右转。同时，左手抱住右拳，两手双逆缠，沉肘抬腕向自己的右膝上方掤出。重心六成在左，目视前方。

要点

　　肘腕用劲逆缠走上弧线，带动两臂尺骨桡骨前掤，肘胯同屈同伸。

实战法

　　当敌方抓住我手臂时，我顶肘前掤把敌方"弹出"，或前掤同时双手翻掌，抓住敌方小臂顺缠下采，使敌前栽。属于掤捋采挒之劲。

3—2　"黄金三角"不变，松左髋，盆骨右转掤右膝，重心右移，同时抱拳的两手走下弧线至小腹前。随之两手逆缠，交叉于左腿外侧。上身挺直，两膝对脚尖，目视前方。

关键

"黄金三角"与"锁肩顶肘"。

要点

　　双手逆缠带动小臂尺骨桡骨旋转。

实战法

　　摔法。敌方右手抓住我胸襟，我左手置敌手腕处，右手置敌右肘下，左手逆缠下捋，同时右臂滚动尺骨桡骨走上弧线，两手合力，同时转身摔敌于左侧。属于挒捋之劲。

3—3 "黄金三角"不变。松沉右髋，盆骨左转捆左膝，带动身体右转。同时两手折腕上挑，走上弧线至胸前中线处。重心六成在左，目视正前方。

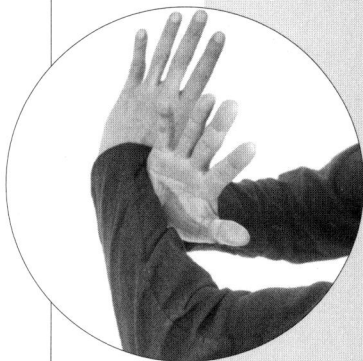

要点

右手按压左手腕，左手上挑，两手劲力相合，沉肘与上挑二意相融，互动完成。

实战法

擒拿手法。敌方抓我两手腕，我两手外分、下插、上挑以解脱。若想反擒敌方，则右手走顺缠抓住敌方手腕，左手逆缠与右手顺缠走个小圈后，左手变顺缠走下弧线切敌方手臂，反关节制服。属于掤捋挤按之劲。

3—4　"黄金三角"不变。双手逆缠，右手掌心压于左小臂之上，并用中指回拉左小臂。两手向里折腕相抱于胸前，手心向外。重心六成在左，目视前方。

关键

"黄金三角"与"锁肩顶肘"。

俯视图

要点

回拉时，顶肘与折腕劲力互动，指尖与肘要有相合之意。

实战法

敌方右拳向我打来，我用右手在敌臂外侧接手，顺缠回拉，同时左手提腕击打敌方后背或后颈部，随之右肘尖击打敌方咽喉，一招制敌。属于将捋之劲。

懒扎衣技击法一

3—5 "黄金三角"不变。松左髋，盆骨右转掤右膝，带动身体微左转。同时，两手逆缠分开，左手走下弧线置于左腿外侧，掌心向下；右手走上弧线在身体右侧前方掤出，掌心向前。重心六成在右，目视前方。

要点

两手逆缠，带动小臂尺骨桡骨走上下弧线，两手同步到位。

实战法

敌方右拳打来，我用左手从内侧接手下拉，同时右掌打击敌方面部。属于挒捋之劲。

3—6 "黄金三角"不变。松右髋，盆骨左转掤左膝，身体随之右转。同时，左手顺缠走上弧线，右手顺缠走下弧线至右腿外侧，带动右脚掤提，左右两小臂相交于胸前。随之，右脚向右铲出一步，脚跟落地，脚尖上翘与膝合，重心落于左脚，目光视向右前方。

关键
"黄金三角"与"锁肩顶肘"。

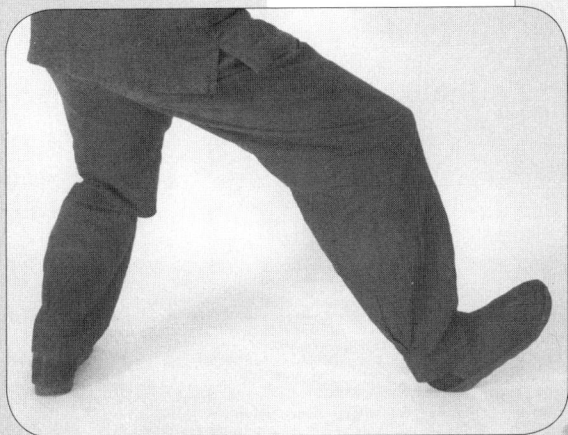

要点

右手走弧线至右腿外侧，准备上升里合时，把右脚带起。横向出脚与双手相合须同步完成。

实战法

敌方右拳向我打来，我右手从敌方手臂外侧接手，顺缠走弧线使敌方手臂成反关节，左手按压敌肘部将其制服。也可以右手从敌方手臂外侧接手下捋，同时左手掌击敌肘部使其断臂，或掌击敌肩使其跌扑。擒拿、击打、摔法均可使用，属于掤捋挤按综合之劲。

懒扎衣技击法二

3—7 "黄金三角"不变。松左髋，盆骨右转掤右膝，身体随之左转。同时右脚内扣里合踏实，两脚尖朝前，两小腿逆缠里合。锁肩顶肘，两手手指与两脚劲力呼应，目视右前方。

要点

上身、下肢均受重心转换指挥,手、胯、脚三意相合,内在劲力呼应。

实战法

敌方一拳向我打来,我两手在内侧接手后捋,同时右肩靠敌胸部使其跌出。属于掤捋挤靠之劲。

3—8 "黄金三角"不变。松右髋,盆骨左转掤左膝,身体随之右转。同时右手逆缠,在右膝上方弧线按出;左手顺缠向里走下弧线,中指点于小腹前。重心六成在左,目视右前方。

要点

上身"坐"在胯上，两腿内撑外包，两手有对拉之意，手脚同步到位。

实战法

敌方左拳向我打来，我左手从敌方手臂内侧或外侧接手均可，顺缠下将，同时用右掌击打其面部。属于将捋之劲。

3—9　"黄金三角"不变。沉左胯，掤两膝，同时右手沉肘提腕逆缠，带动尺骨桡骨旋转向里折腕收于胸前；左手逆缠带动尺骨桡骨向上旋转，使左手虎口贴于上腹部。上身挺立，重心在左，目视右前方。

要点

指肘二意相合，两膝相掤找脚尖，内在劲力含而不丢。

实战法

敌方右拳向我打来，我左手从敌方手臂下侧接手，抓住敌方手腕逆缠回拉。同时，右掌击打敌右颈动脉，随之勾住敌方颈部，用肘连击敌方喉咙或胸部。若我左臂被敌抓住，我顶肘提腕逆缠回拉，同时右肘击打敌胸部。属于捋捌肘靠之劲。

3—10 "黄金三角"不变。右手顺缠打开，画个小圈后拖尾巴走下弧线，找左小臂相合；左手顺缠贴腹滚动一圈后，翻掌变为逆缠向里折腕，虎口贴于腹部，小臂与右手掌相合。在两手分开时，身体重心右移，在两手相合时，重心左移，目视右前方。

关键

"黄金三角"与"锁肩顶肘"。

关键

"黄金三角"与"锁肩顶肘"。

懒扎衣技击法三

要点

重心转换与两手的动作要步调一致。

实战法

敌方右拳打来，我右手在敌臂外侧接手下捋，突然松手，提左肘击打其右肋或后腰，同时右手抱打敌左肋；也可用于擒拿，我右手在敌臂外侧接手，顺缠向右下捋，同时左肘按压敌肘部，两手二劲合一制服敌方。属于肘靠之劲。

3—11 "黄金三角"不变。左手从右臂内侧沉肘提腕顺缠，与右手逆缠同步翻掌，右手掌心向外，左手腕按压于右手背，掌心向里。两手翻掌向右膝上方掤出，同时左胯下沉，身往上拔，两膝掤住，重心六成在左，目视右前方。

要点

　　注意手臂上的节节分家与沉肘外掤。两脚逆缠相合，两膝掤劲不丢。

实战法

　　当敌方抓我手臂时，我右手压在敌方手臂上，左手提起，两手一个合力挣脱被制，同时两手重叠打击敌方面部。属于掤捌之劲。

点拨提高

∨　再强调一下肢体规矩，要根深蒂固地灌输进脑子里去。手为主动，小臂为被动，大臂不动；胯为主动，大腿被动，膝盖以下尽量不动。

∨　肘胯同屈同伸，而且要有球体感。右手挑起来时，要求食指对着自己的鼻子，在肢体膨胀状态下，用右手的中指把左臂拉回来。左手手指依次顺缠到小腹，右手正好运动到右膝上方，这种运动方式叫复合劲的训练。练拳时一招一式都要体会复合劲力，不要只顾单方向的力。后文还会详解复合力。

错误纠正

● 这里说一个由"同屈同伸"产生的假象。很多人练"懒扎衣"的时候会提升手臂，这是错误的。这式动作并没有把手臂上升，表面上看到的手臂上升其实是胯下沉造成的假象。如在训练时把手臂上升，势必动肘，会导致肩臂断开，就不是整体的力量而仅是手臂的力量了。记住，要上下协调，同屈同伸，不要不沉胯而只把手臂提起来。球体感要出来，肌肉放松，"骨架是车辆，肌肉是乘客"。

训练要求

管住"黄金三角"，用力使肩与大臂不要断开。这是初步训练的过程，待到熟练之后，就可以用意不用力了。

训练功课

1."黄金三角"的基本功"卷腕"训练，20 次为 1 组，共练 5 组。

2."懒扎衣"训练 20 次。

3.已学式子连起来打 20 遍。

六封四闭

第四式　六封四闭

"六封四闭"这一式的身法很特殊，开中有合，合中有开，主要训练胸腰折叠和上肢的开合之劲。可分解为 3 个动作来完成。

4—1 （接上式）"黄金三角"不变。松左髋，盆骨右移掤右膝，身体随之左转，同时右手顺缠左手逆缠在右

腿外侧走弧线向胸前上挑捋，左手成刁手在左肩前
方与肩同高，右肘在右膝上方，掌指略低于肩。重
心六成在右，目视右方。

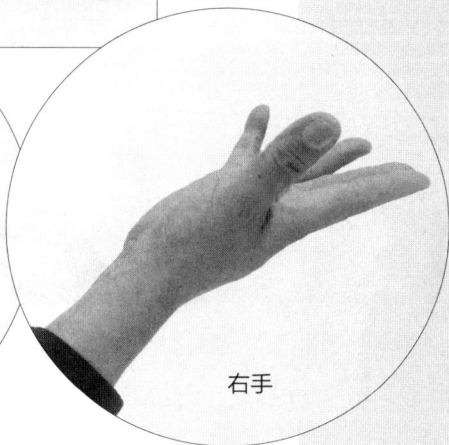

左手　　　　　　　　　　　右手

关键

"黄金三角"与"锁肩顶肘"。

六封四闭技击法一

要点

　　胯的转换与手上动作同步，两脚逆缠里合，两膝掤劲不丢。

实战法

　　擒拿。敌方左手一拳向我打来，我用左手在敌方手臂外侧接手下捋，同时右手于敌方肘关节顺缠走弧线，双手上下一个合力，反关节擒住对方手臂。属于掤捋之劲。

4—2 "黄金三角"不变。松沉右胯掤两膝，身向左转。同时，双手逆缠向外打开，走弧线经两耳下方至胸前。重心在右，目视右前方。

要点

　　左胸打开，右胸含合，呈半开胸状。

实战法

这是一个解脱的技法。敌方抓住我的手臂，我抬手逆缠向后走弧线，翻掌下采，解脱被制或使敌前冲扑地。属于掤捋采挒之劲。

4—3 "黄金三角"不变。双手继续逆缠，走下弧线向右膝斜上方沉肘推出。在双手推出的同时，左脚以脚尖着地，画弧线点于右脚旁，重心落于右腿，目视右前方。

要点

含胸下沉、换裆拧胯、收脚掤出一气呵成，两手与身体要有对拉之意。

实战法

敌方一拳向我打来，我两手下捋拦截，同时翻掌击打对方。属于捋挒挤按之劲。

关键

"黄金三角"与"锁肩顶肘"。

六封四闭技击法二

点拨提高

∨ 两手逆缠外开时，肘不要飘，一定要保持"黄金三角"。肘沉、肘顶要与手的逆缠有互动意识，小臂尺骨桡骨的自转与走弧线的公转要融合，体现出复合力。

∨ 两手合于双颌下，左胸开，右胸含，不是全开胸。通过折叠走弧线向右膝上方推出，走弧线是为了"四两拨千斤"，为了拨对方的根。右髋要往外顶，这是训练我们的胯靠。

∨ 整个动作过程中始终要有一种胀劲，对拉拔长的胀劲。想要得到胀劲，必须牢记"肘与膝"两个固定关节，四面支撑、劲力贯穿的那一种气势要出来。

名词
胸腰折叠：是指胸部一开一合状态下，与"胯的转换"相结合所产生的螺旋力量。

错误纠正

● 习练者易在两手外开时，无手上逆缠，两肘无力，两臂松懈随手而动。向右推出时没有弧线，两腋夹角变小，仅用双手之力，少了胸腰折叠。上下肢、身与手劲力断却，有"术"无"武"。

训练要求
切记："翅膀"别断了！

训练功课

1. "黄金三角"的基本功"卷腕"训练，30 次为 1 组，共练 5 组。

2. "六封四闭"训练 30 次。

3. 已学式子连起来打 20 遍。

第五式 单鞭

"单鞭"是重点训练"黄金三角"的最后一式。"黄金三角"的重要性在前面强调多次,"黄金三角"从无到有再从有到无,是一个永恒的追求,当你信手拈来时,那么你已经进入了高手行列,绝非虚言。

"单鞭"这个动作,在传统太极拳架里出现多次,除了技击内容外,还有另一个目的。一般情况下,拳架打到十来个动作的时候,习练者的身体会有一些松懈,需要调整一下。"单鞭"就像训练场上的立正一样,归正一下精气神与动作方位,所以要打出一种正气、霸气来。

另外需说明一下,为了"胯的转换"和上下肢劲力通达,我把传统的"一"字单鞭做了一点调整,在本书中"单鞭"定势略向左偏。

5—1 (接上式)"黄金三角"不变。左脚尖配合右髋下沉,盆骨微左转,带动身体微右转。同时两手双顺缠使两手心朝上,右手中指点于左手腕内侧。重心在右,目视右前方。

要点

手为主动,带动小臂尺骨桡骨,两肘保持不晃动。下沉右转、手开手合,上下协调。

单鞭

关键

"黄金三角"与"锁肩顶肘"。

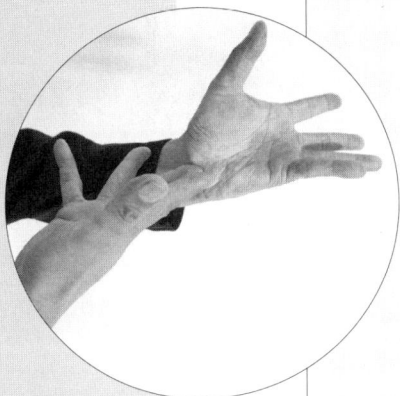

实战法

如敌方出右拳击来，我右手从敌臂内侧接手，向左下
弧线捋，同时左手在敌肘关节外侧，两手缠丝分劲折伤敌
方肘关节。属于将捯之劲。

5—2　"黄金三角"不变。松左髋盆骨右移掤右膝，身体
随之左转。右手顺缠经左手心，沉肘提腕至右膝上
方成勾手，与肩同高，同时左手顺缠向里走下弧线，
中指点于腹前。重心在右，目视右前方。

要点

两手动作同步完成，虚脚用劲与两手呼应。

实战法

　　若敌右拳向我击来，我右手在敌方手臂下方格挡，左手从上方拉开敌臂下捋，同时右手提腕击打敌方咽喉。若敌手抓住我右臂，可用"金丝缠腕"擒拿，或用右臂弹抖挣脱后，快速打击敌咽喉或面部。属于捋挒弹抖冷劲。

5—3　"黄金三角"不变。松沉右胯掤右膝，掤提左脚向左铲出一步，脚跟着地，目视左前方。

要点

　　松沉右胯与左脚掤提二意相通。

单鞭技击法

关键
"黄金三角"与"锁肩顶肘"。

实战法

　　敌右拳击来，我右手在敌臂外侧接手右捋，同时出左脚落于敌方身后，左肘击打敌腋下；也可用太极脚法，出左勾脚破坏敌方重心，然后侧踹敌方另一条腿使敌方跌翻在地。属于捋捌肘靠与太极脚法。

5—4　"黄金三角"不变。松右髋盆骨左转，带动身体右转，左脚内扣落地里合，左手顺缠上提至锁骨下方。随之松沉左髋盆骨右转，掤右膝，左手变逆缠走外弧线，右手沉肘，翻动手腕与左手互动。左手在左腿外侧，右肘与右膝相合，重心六成在右，目视正前方。

要点

本书中“单鞭”定势比传统架向左转了30°。两手动作与重心转换须相互联动，动作到位时全身沉一次，两手与两腿要有内撑外包之意。

实战法

若敌从左侧或正面攻击，我用右手刁住敌右手向右侧捋，同时进脚在敌右腿后，一个横挤使敌方倒地。若敌用左手进攻，我右手刁住敌左手向下捋，同时左脚踏中门，左手穿心肘接劈面掌攻敌。属于掤捋挤靠之劲。

点拨提高

√ 沉肘提腕，要有肘沉下去才使手“撬”起来的意思，也就是肘沉下去50%的力量，手提起来50%的力量，两种力量是互动的、复合的。太极拳是一种非常精致的拳，要练出肢体的高度协调。外在协调内在均衡，太极功夫也就出来了。

名词

沉：指全身骨架用关节拮抗力膨胀一次。

真传课堂

弓与沉

∨　左手手指要逐个顺缠，左手指背贴胸沉肘上提，同时右手配合着微微互动，如果右手不动只动左手，内在的劲力又不通了。左手上提后变逆缠，带动尺骨桡骨弧线外分，右手配合着微微翻腕。两手、两腿要有开中有合、合中有开的意识。

错误纠正

单鞭习练中有几个易犯错误。

● 一是没有肩臂一体的概念。习练拳架时，如果腋下夹角随意变化，两膝摇晃，固定的关节没有固定，就产生不了拮抗力与复合力。

● 二是单鞭定势时两膝在同一平面。两膝如果在同一平面上，一定是转腰不转胯造成的，两髋关节容易与上身断开，使脚上的力很难输送到手上，造成上下断劲。正确要求是在重心转换过程中转动胯，胯的转换势必造成两膝一高一低、一前一后的不平行状态，这样上下就合起来了，练拳就是练一个合劲。

● 三是单鞭的沉，大多数习练者把身体一蹲就当是沉了。应该在固定关节固定住的状态下，全身拉开、膨胀。

● 四是没有虚领顶劲，低头弓背，失却上下对拔之意。

真传课堂

区分转腰
与转胯

训练要求

本章的拳架练习是以训练"黄金三角"为主，在练拳走架中切记不要"断了翅膀"，肩臂合一是本章的重点突破任务！

训练功课

1. "黄金三角"的基本功"卷腕"训练，30 次为 1 组，共练 6 组。

2. "单鞭"训练 20 次。

3. 把本章 5 个式子，连接起来打 15 遍。

训练问诊

1.练拳应先从哪一个基本动作开始练?

答:从起势开始,从手脚互相呼应开始,这样全身气血、劲力是通的。肢体结构要从肩开始训练,把肩臂两种力量合在一起。

2.起势时,两手在身体两侧打开抓提,手指劲力的方向如何走?

答:双手打开,没让你抓提,是让你双逆缠沉肘提起,同时带动小臂尺骨、桡骨转动。这里有了沉肘提起的上下之力,有手与肘相合的前后之力,有逆缠带动小臂尺骨桡骨的左右之力,三力合一的"太极缠丝劲",是一种复合力。太极拳习练正确与否,是以寻找到复合力为准则的,要找到复合力,就要保证"固定关节更固定,灵活关节更灵活"。

3.双手提起后,小圈拖尾巴的目的是什么?

答:这个动作在太极拳中称为"转关"。所谓"圆运行、方打击",是方与圆的转换,比如左将到位后要转回去,就用一个小圈来连接下一个动作。走路碰到墙了,你要回头总该转身吧?这个转身就叫转关。小圈拖尾巴是招式转换连接用的,很多太极拳技巧,比如"四两拨千斤"就来自于这个小圈。

4.提腿为什么要脚面绷直而不是顶膝盖向上?

答:顶膝盖向上是三节不分的,违背了太极拳的训练要求"节节分家"。而且抬腿的力量来自于髋关节，并没有做到"力从脚起"。脚跟找屁股是脚趾向后掤提而起的，不仅做到了"力从脚起"，而且以踝关节为主动，小腿被动，大腿不动，达到了脚上三节分家的训练目的。习练者可以去体会这两种起脚模式。

5. 我发现练拳中不采用外折腕很容易找到对拉拔长的感觉，不知外折腕是否有误导人的嫌疑？

答："外折腕如果过了就容易断劲，我只强调手指往外翘，手腕自然，手腕最多外翘 45°。手指外翘利于定腕，劲力才会过去。外折腕是顺逆缠带动下的被动外折腕，以劲力畅通为要。

6. 固定胸肌"卷腕"一段时间后觉得有点憋气，不知道是否正确？老师常说的"忘了肩，把肘当成你的肩"又是怎么回事？

答："卷腕"是为了训练"黄金三角"的稳固，把人在肩背上的本能力量转移到手臂上来，为后续的太极拳技艺打下坚实的基础。"卷腕"刚开始练的时候，需要用肌肉的力量来帮忙固定"黄金三角"。所以，刚开始先把肌肉屏起来，训练你的"黄金三角"意识，是为了帮助你固定大臂，锁住肩关节。但这只是过程，经过一段时间训练后，有了锁肩的意识，就要放松胸肌和大臂肌肉，把意念放到骨架上去，也就不会再憋气了。锁肩意识建立后，就要忘了"黄金三角"，忘了肩，意识放在肘部，从手上的小指开始卷，其余手指依次用劲。这样训练，逐渐劲力就会到达小臂与手掌，劲到小臂与手掌是练武人梦寐以求的目标。

7."卷腕"训练的目的是什么？肘定位的力量又是从哪里来？

答：训练"卷腕"的目的有三个。一是肩臂联合固定"黄金三角"，为太极拳之"刚"的训练；二是训练小臂尺骨、桡骨转动的幅度与灵活性；三是在训练过程中体会手、小臂、大臂的三节分家，也就是太极拳之"柔"的关节训练，一个"卷腕"刚柔分明。

肘定位的力量来自大、小臂骨架关节间的拮抗力（二争力），这个拮抗力就是我们的太极拳劲力。训练时要意在骨架。在太极拳里有句话叫"去掉拙力"，这个拙力是什么呢？就是指本能的肌肉发力。我一直强调太极拳是骨架拳，要求"骨紧肉松"去拙力，训练拮抗力就是为了去除"拙力"。所以要去体会骨架的用力，骨架明白了，就可以把肌肉慢慢放松，去寻求太极拳的刚柔之劲。

8.劲力和"气"的感觉是不是差不多？

答：在武术上而言，劲是肢体结构的刚性力量，是内在的，是关节之间通过韧带对拉而产生的一种拮抗力。"气"是道家上的说法，气就是意念的延伸。"气"可以在全身流通，是产生"劲"的运动载体，在意念的指导下，劲力贯穿的过程称为内气，我是这样理解的。武术中的气感应该是意识，在拉紧运动中产生膨胀的一种意识变化，绝不是气在体内流动。

9.肩、脚、胯、手、综合训练是不是"身备五张弓"？

答：有人认为五张弓就是两个手臂、两条腿、一个身子。膝盖微弯，两手坠肘，含胸拔背，就是弯曲的弓形。其实这个摆出来的弓是有误区的，也是我们很多人练拳功夫不上身的原因之一。

真正的身备五张弓是什么？首先，弓是用来射箭的，是发力工具。没有弦线的弓只能是张废弓，有了弦线的弓才是真正的弓。所以我们在习练拳架的时候，相邻关节间要有互为阻力的一种对拉，使它们产生拮抗力，拮抗力就是一根弦线，所以弓不是摆出来的。比如说，胯以上与胯以下两部分身体经过对拉拔长后产生的拮抗力称为身弓；大腿与小腿互为阻力产生抻拉形成腿弓；肘与肩、肘与手产生的对拉是手弓。发力的瞬间产生了两张腿弓、两张手弓、一张身弓，五张弓发力是同步的，不是各自为营的。

而本书的肩、脚、胯、手、综合训练体系，是拆开来逐个突破的训练方法，跟"身备五弓"不是一回事，一个是训练过程，一个是实用中的状态。

真传课堂

身备五张弓

10. 如何做练功规划和顺序安排？

答：练功规划，按照本书的"五步曲"训练法比较稳妥。第一步是肩，第二步是胯，第三步是臂，第四步是脚，第五步是手。可参考本书第一章中的"太极拳训练体系"。

11. 怎样确定卷腕是否合格了？

答：卷腕的目的，一是"黄金三角"的定位，二是大臂、小臂、手的节节分家，三是尺桡二骨旋转训练。是否合格，要在拳架里检验，单从基本功本身来看是检验不出来的。因为拳架里要顾及很多点，脚、肩、胯、身法、步法等，只有融入拳架里，才算基本功合格。

12. 训练"黄金三角"能发力迅速，"立地生根"也能够提高出腿速度吗？

答：这是两种概念。"黄金三角"可以提高出手速度不假，但只是大臂与身体力量合一的一种训练体系，它和速度还没有直接关系。它能把本来在肩的力量前移到肘上，为速度和打击力度提供保障。立地生根并不是一动不动，而是指脚踏大地的反作用力通过脚传递上来，发出一种整体劲。"立地生根"和"黄金三角"都是发力载体的训练，至于速度又是另外一种训练方式。

13. "黄金三角"或"立地生根"一般需要练多长时间？这两个基本功，是不是需要一直练下去？

答：基本功不一定要一直练下去，我始终强调要练拳架。拳架是要固定"黄金三角"的，因为怕你在拳架训练中固定不住关节，所以单独提炼出来，作为基本功来为拳架做准备。拳架是武术中的精华，是"术"，一切基本功都是"武"，而"武"是为"术"服务的。

14. 卷腕时，定肘和顶肘的概念不太明白，是先定才能产生顶劲，还是先顶才能定住？

答：定肘也好，顶肘也罢，目的都是为了定肘。大臂向上连着肩，向下连着肘，肘一动，等于大臂动，大臂一动肩也跟着动了。锁肩顶肘迫使肩与肘产生拮抗力，进一步加强了大臂的固定，所以顶肘是为定肘服务的。

15. 含胸拔背如何理解？两个肩胛骨是平的吗？

答：有人认为命门外突，两肩微向前扣，后背是圆的就叫含胸。我认为这是种病态姿势，是拳架上的猥琐。按肢体结构来讲，训练时颈椎、脊椎的骨架是需要拉直的，没有弯曲，拔背就是挺直脊梁骨。脊梁骨挺直了，胸部就

名词
立地生根：是就大小腿分家而言的。膝盖以下到脚踏实不动，胯带动大腿与上肢进行折叠、旋转，如同不倒翁之感。

自然而然地有了上下之含。背往上拔，两个肩胛骨自然就平了，头往上领，虚领顶劲也出来了。含胸拔背做正确，也就为身弓涨力打下了基础。

16.卷腕启动时是顶肘的后坐力传到手腕带动尺骨桡骨旋转，还是腕领劲带动尺骨桡骨旋转？

答：后坐力是不对的，必须是拮抗力。当"卷腕"启动时，首先是在肘固定的情况下，拳头往前掤，一掤就产生了大臂与小臂、小臂与腕的拮抗力。理解为后坐力是错误的，说明你的肘和大臂只是死死地用肌肉屏住。

胯上的功夫肩上练

"胯的转换"不仅为大小腿分家打好基础，也展示了以左右旋转为主的太极拳特点，在健身、养生上也占有极重要的位置。

胯的转换

"胯上的功夫肩上练"的训练载体是"胯的转换"，也就是盆骨在两个髋关节上的运动。

经过"黄金三角"的训练，我们掌握了锁肩顶肘，学会了不允许随意变换两腋的夹角大小而"断了翅膀"。"黄金三角"的训练牵制了脊柱、膝盖的任意摇晃，只能去旋转胯，也就构成了"胯上的功夫肩上练"的训练逻辑。

基本功：拧阀门

1. 上肢保持"黄金三角"不变。脊椎挺直，松开两髋，尾闾微泛，命门内收，含胸拔背，头往上领，目光平视，把上肢"坐"在两髋上。两手握拳，左拳在前在上，右拳在后在下，分于两腿上方，两拳面斜相对，做握方向盘状。

2. "黄金三角"劲力不丢。松沉左髋，盆骨右转至右髋，同时捌右膝，身体随胯的带动而左转。同时，两手握拳随身体用力拧向左转。两腿左膝高右膝低，左膝里右膝外。

3. "黄金三角"劲力不丢。松沉右髋，盆骨左转至左髋，捌左膝，身体随胯带动而右转。同时，两手握拳随身体用力拧向右转。两腿右膝高左膝低，右膝里左膝外。

名词

尾闾微泛：指盆骨微向后倾，与两膝产生对拉。目的是与两髋关节拉开空隙，使上肢与两腿"断开"，为"卸力"服务。盆骨与两髋关节是肢体力量运用的"离合器"，可以随动作要求达成左、右、后三个方位的"离与合"。尾闾微泛是后方位动作。

关键

两膝不在同一平面上，如在同一平面，旋转的一定是"腰"。

要点

　　两髋关节之间须拉紧，两膝掤住，两腿各自成腿弓。左右各完成一次为一个训练单元。

作用

　　"胯的转换"不仅为大小腿分家打好基础，也展示了太极拳以左右旋转为主的特点。旋转协调不仅在太极拳架中非常重要，对于健身、养生也具有极重要的作用。都市生活的人一般到了四五十岁，就会出现腰酸背痛等毛病，一个主要原因就是平时盆骨的运动很少。按照人的本能行为习惯，通常用腰椎转动身体，盆骨不怎么动，所以这一部位没有得到锻炼。盆腔和腹部是我们在锻炼中经常忽略的一个部位，实际上腹腔在神经学中是很主要的地方，因为腹腔里密布着腹腔神经丛，包括大量的交感神经和副交感神经。我们的脊椎是从腹腔发源的，腹腔里也有神经元细胞，与大脑和脊髓的中枢地位一样重要。

胯的转换训练不仅能让腰椎得到休息，还能练出身体中正、上下协调的整体力量，尤其是通过两髋与盆骨形成了巨大的左右骨扭力。这一切都必须建立在"肩"的基础上，没有肩就不可能有胯，上下也不可能协调。所以本书提出"胯上的功夫肩上练"的训练方式，要求习练者们在招式训练中，重点突破"胯的转换"，为下一步"臂上的功夫手上练"打下基础。

招式训练

第六式　闪通背

本章的教学目标是突破"胯的横向旋转"，把"胯的转换"融入到招式中去。第六式"闪通背"，可分解为 8 个动作来完成。

闪通背

6—1 （接上式）松沉右髋，盆骨左转掤左膝，身体随之右转。同时两手双逆缠里合，带动尺骨桡骨旋转成里折腕收于胸前，腕高于肘，两手背相对。重心落于左腿，目视前方。

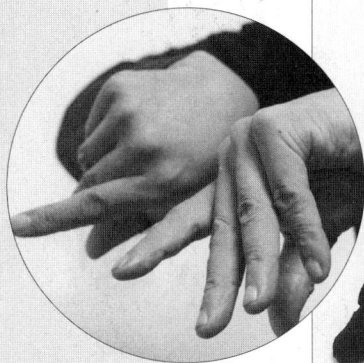

名词
缠丝劲：本书中指手、胯的公转和小臂尺骨桡骨、小腿胫腓骨的自转所产生的骨扭力，与肢体的折叠、膨胀融合在一起的复合劲。

要点

　　重点把意念放在"胯的转换"上。两手逆缠里合的时候，要有通过顶肘把两手拉回的意识，注意"翅膀"别断了。

实战法

　　敌在侧方抓住我一臂时，我被抓之手逆缠里合解脱，同时用肘尖打击敌方胸部。若敌方二人各抓住我一手，我两手双逆缠拉回解脱，并挥手分击敌方面门，或两手先双逆缠转双顺缠，用"金丝缠腕"擒拿敌方。属于掤捋缠丝劲。

6—2 松沉左髋，盆骨右转掤右膝，身体随之左转。同时，两手双顺缠外开走下弧线里合，右手腕到左手腕内侧上方时，变右手逆缠左手顺缠，两手抱双臂合于胸前。重心落于右腿，目视前方。

要点

做这个动作时，意念在"胯的转换"上。锁肩顶肘，以肘为圆心，小臂膨胀走弧线，合上时要求相抱两臂与两脚劲力呼应。

实战法

敌方抓我两肩或胸部时，我用两手在敌一臂的肘部内外抱合，两手同时缠丝前掤，伤敌肘关节。若敌方右手一拳向我面门打来，我用左手由下自上接手，走左侧后弧线，同时右手在敌肘部一抱，可折敌肘关节，再顺势用肘击打敌方胸部。属于掤捋挤按之劲。

6—3 双手抱臂合于胸前不变，松沉右髋，盆骨左转，带动身体右转。同时，右脚以跟为轴外摆180°，随

关键
松沉右髋，盆骨左转。

正　　　　　　　　　　背

关键

松沉右髋，盆骨左转。

之身向右转带动左脚以脚尖着地走弧线，转体180°。重心落于右腿，目视右前方。

要点

转换重心与转体要一气呵成，转体后两脚双逆缠里合踏实，不允许身体飘晃。

实战法

敌从背后把我抱住，我用两手扣住敌两臂，猛转身摔敌于左侧；也可用于肘击，敌从身后或右侧击来，我转身用右手从敌臂外侧接手下捋，同时左手放敌身后，右手滚动尺骨桡骨，两手合抱用横肘击打敌胸部。属于掤捋挤靠开合之劲。

闪通背技击法一

6—4　松沉右髋，盆骨左转，掤左膝，身体随之右转。同时，抱于胸前的两手逆缠，立掌向右斜上方震肘掤出。重心六成在左，目视右侧。

要点

撩掌的时候，两手尺骨桡骨要旋转配合，右手推压左手用叠加劲撩掌。同时锁肩顶肘，不要把自己的肩和肘也送出去，两膝前掤与两掌劲力相合。

实战法

快打法。右侧敌向我一拳击来，我用双手左右一合一捋，同时用左右手叠加的掌劲击打敌方的胸部、面部。属于捋捌冷劲。

6—5 松沉左胯，掤左膝，右手逆缠打开走上弧线，带动右脚以脚跟为轴与右手同步外摆180°，身体也随之右转。同时，左手顺缠变刁手，走下弧线拉开，在左腿外后侧。重心保持在左腿，目视前方。

名词

撩掌：指翻动手腕，用手掌或手指背面击打对手。用于干扰对手的视线和注意力，多见于虚招。

左手刁手

关键

松沉左胯，掤左膝。

要点

身体的旋转是在盆骨与两髋关节配合下完成的，右脚外摆是在右手带领下完成的。

实战法

摔法。敌一拳向我打来，我用右手从敌臂外侧接手，同时进右脚以脚后跟为轴向外勾摆敌脚后跟，使敌下部平衡破坏。右手配合脚的勾摆，摔敌于地。属于掤捋采挒之劲。

6—6 松沉右胯，右脚踏实，随之右手变顺缠走下弧线里合找左手，左手逆缠走上弧线，带动左脚绷提。两手在胸前相交，同时左脚向左前方点出一步，左手置于小腹前手心向下，右手在左臂上方向前穿出，手心朝上，手指向前。重心落于右脚，目视前方。

要点

左脚点地时要轻，两手劲力要相合。右手向前穿出时，两手、右胯、左脚趾三点劲力相合成身弓。

实战法

这个动作是中国传统武术的经典招法"白蛇吐信"。敌方一拳打来，我先用右手在敌手臂外侧接手，走弧线下将化解。同时把敌臂交于左手，右手顺势前穿打击敌方咽喉。属于将捋之劲。

6—7 松沉右髋盆骨左转，同时右手逆缠外翻，收至左肩

关键

松沉右胯，绷提左脚。

上方，左手顺缠上升到左肩侧，两手间距一臂长度。在双手顺逆缠的同时，左脚随胯的转动以脚尖为轴，脚跟向外转摆，重心在右，目视左侧。

关键

松沉右髋，盆骨左转。

闪通背技击法二

要点

锁肩顶肘，松胯、翻掌、脚尖旋转一气呵成，左胯凸出以进一步稳固重心。

实战法

这是一个断臂摔法。敌方一拳打来，我先用右手在敌手腕内侧接手，同时伸左手拿住敌上臂，左手顺缠右手逆缠，翻手把敌臂拉向己方肩上。同时，左脚上步转身靠敌方右胁，同时两手往下一按，可断敌方手臂，如继续转身可将敌摔于己身右前方。属于掤捋挤靠之劲。

6—8 双手走下弧线，带动右脚以脚尖着地向右后侧划出，转体180°，两脚逆缠，内扣踏实。左手在胸前左侧，右手在腹前右侧，重心六成在右，目视前方。

背　　　　　正

要点

手的下落弧线带领转体和落地，震肘、震脚同步，手脚劲力要合上。

实战法

快打法。敌向我面部正拳打来，我用右手从敌臂外侧接手下将，同时左掌击敌右侧颈动脉。用于摔法则是转身摔。属于将捌之劲。

点拨提高

∨　在单鞭的基础上，两手走个小圈，双逆缠带动尺骨桡骨的滚动，收于胸前，肘、指要互动。

∨　转身要用手带动脚，跳得低一点，在实战中跳得高是没有用的，落地慢了零点几秒直接的后果就是被打。每次转换，必须是"胯的转换"带动身体。

错误纠正

● 注意不能丢掉"黄金三角",重心转换没有用"胯的转换"带动身体,而是扭腰。

● 两手没有顺逆缠,抱合无劲。发力用的是"拙力",是本能的肌肉收缩产生的力,也就是长而不脆的肌肉力。注意避免。

● 转体跳跃时容易把注意力放在脚上,忘了手领脚跳,导致手与脚劲力合不上。注意避免。

训练功课

　　1. "黄金三角"的基本功"卷腕"训练,20 次为 1 组,共练 4 组。

　　2. "拧阀门"胯的转换训练,一左一右为 1 次,共做 60 次。

　　3. "闪通背"招式训练 20 次。

　　4. 已学式子连起来打 10 遍。

掩手肱锤

第七式　掩手肱锤

　　第七式"掩手肱锤",仍是以突破"胯的横向旋转"为教学目标,可分解为 5 个动作来完成。

7—1　（接上式）松沉右髋,盆骨左转掤左膝,身体随之右转,同时两手双逆缠,外开走上弧线,里合下插于腹前,左手虎口按压右手腕上面,十指向下。在两手双逆缠走上弧线的同时掤提右脚,在两手里合下插的同时右脚尖向后摆 180° 震脚落地，重心落于右腿。

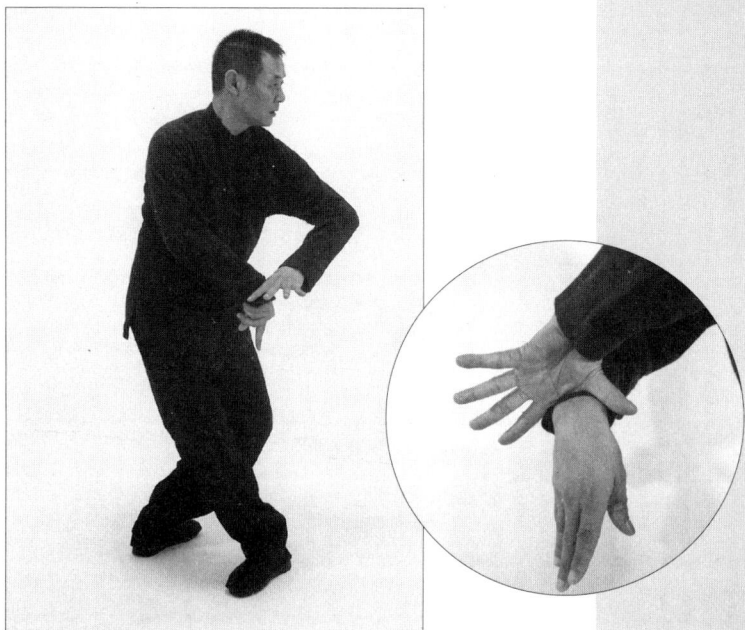

要点

两手抱合下插同步完成，手往上升胯往下沉，身体上下要对拔，左腿掤膝与右脚掤提对拔，震脚下插时沉肩坠肘与头往上领成对拔。

实战法

敌方抓住我的双肩或一手抓住我前胸时，我两手外分内插以解脱，并顺势提腕击打敌面部。属于採挒之劲。

7—2 松沉右胯掤右膝，掤提左腿并向左侧铲出一步。同时，右手顺缠折腕，带动尺骨桡骨旋转，向右前方迅速撩击；同步身向左转，左手逆缠上翻，中指点于右锁骨下方。随后两手迅速回到原来抱合下插的状态，右手握拳，左手虎口按压在右手腕上面。

关键

松沉右髋，盆骨左转掤左膝，身体随之右转。

名词

通臂劲：本书中指两手内在尽力相呼应，在动作过程中两手同动同停。

掩手肱锤技击法一

要点

右手撩击与左腿横跨一步落地需同步完成，内在劲力贯于左脚，左右两手同步并用通臂劲贯穿。

实战法

若敌从右后侧向我打击，我横跨一步转身，同时用右手迅速拦截或击打敌方的面部。也可用于正面，敌右拳打来，我左手拦截的同时用右手撩击敌方面部。属于弹抖冷劲。

7—3 松沉右胯，同时左掌右拳逆缠外分，走弧线里合于胸前，左手指尖朝上与鼻尖持平，右拳走一个圈以拳面贴住自己右胸，左右手一前一后合于一条线。两手走上弧线的同时，两脚同步一小跳以调整方位，落地时两脚呈左偏马步，目视前方。

要点

两脚落地与两手相合同步完成，两手两脚劲力相合。两手走弧线时注意保持"黄金三角"不变。

实战法

敌方一拳打来，我用右手由上往下拦截敌臂，同时左掌打击敌方面部；若敌方右拳打来，我用右手从敌臂内侧接手下将，同时左手抱于敌方后背或后颈，右手用横肘击打敌方胸部或喉部。属于掤捋挤捌开合之劲。

7—4 松沉左髋，盆骨右转掤右膝，带动身体微左转。同时，左手五指用力从右上方弧线回抓于右胸前，右拳同步逆缠经左肘下方弧线向前掤出。左手回拉与右手前掤在胸前有一个交叉的弧线，重心六成在右，目视前方。

要点

左手回抓时固定"黄金三角"，锁肩顶肘。右拳经左肘下侧打出时，呈 S 形线路折腕打出，既要具备左右两手对拉的通臂劲，也要具备上下、左右、前后的复合劲。

实战法

若敌方从正面向我一拳打来，我用右手从敌臂下侧接手拦截，左手从敌臂上方迅速拉开敌方来拳，同时右手折腕，从敌方的手臂下穿出打击敌方胸部；或者若我被敌方从后面抱住，我可用右手下按敌左臂，同时用左肘击打敌方肋部。属于通臂、缠丝复合之劲。

7—5 松沉右髋，盆骨左转掤左膝，身体随之微左转。同时，右拳变掌，在身体右侧前方顺缠走一个小圈，沉肘上提变勾手；左手滚动尺骨桡骨在左膝上方弧线掤出，两手虎口斜相对。两膝前掤与两脚尖相合，重心六成在左，目视左侧。

关键

松沉左髋，盆骨右转掤右膝，带动身体微左转。

掩手肱锤技击法二

要点

重心变换、右手上提、左手下落同步完成。四肢劲力相互呼应。

实战法

连击法。我出拳击打敌方如被躲过，我立即右拳变勾手用腕部击打敌方咽喉，进行第二次攻击。如果再次被躲过，我便顺势抓住敌手臂上捋，同时用左手腕击打敌右肋或肝部。属于掤捋採挒挤靠之劲。

点拨提高

√　　太极拳里面有五大锤：掩手肱锤、击地锤、披身锤、肘底锤还有指裆锤。锤的力量是腕发出来的，是节节分家、节节贯穿到腕之后发出来的，这就产生了一种混元劲。拳的直冲劲、左右旋转劲、落点时的上下涨劲，三种劲在接触敌身时瞬间合一，称为混元劲，也是一种复合劲。它是节节分家的结构组合，而不要打成冲拳，缺少一种复合的力量。

关键

松沉右髋，盆骨左转掤左膝，身体随之微左转。

真传课堂

拳与锤

拳与锤的详细区分可见于作者的《练拳》一书。

错误纠正

● 微跳调整时，不宜全身下沉起跳，跳得过高。

● 若没有上下、左右、前后的对拔和合劲，会导致拳架松散。

● 打击时扭腰转胯，忽视时差，不注意复合力的训练，一击不中，打击手无法迅速组织二次打击。

名词

时差：指实战中的时空与节奏。

训练功课

1. "黄金三角"的基本功"卷腕"训练，20 次为 1 组，共练 2 组。

2. "拧阀门"胯的转换训练，一左一右为 1 次，共做 60 次。

3. "掩手肱锤"招式训练 20 次。

4. 已学式子连起来打 10 遍。

白鹤亮翅

第八式　白鹤亮翅

第八式"白鹤亮翅"，可分解为 3 个动作来完成教学。

8—1　（接上式）松沉左髋，盆骨右移掤右膝下沉，带动身体左转。同时双手分开，右手顺缠走下弧线，左手逆缠走上弧线，左脚同步以脚后跟为轴脚尖上翘外摆135°，掤左膝，重心移至右腿，目视左前方。

要点

左右手走弧线时必须保持"黄金三角",两手顺逆缠带动尺骨桡骨的旋转,右腿下沉与左脚尖互动完成。

实战法

这是一个擒拿法。我右手抓住敌方右手顺缠走弧线上掤,掌心向自己,使敌方手臂呈反关节状,左手放于敌方手臂上侧,左手外分,右手里合,将敌方制服于地面。也可用于摔法,若敌方右拳向我打来,我右手接手顺势走个小圈,交于左手外捋,同时右手上捋至敌肘部,左脚在敌方的右脚内侧外摆,两手与脚的外摆同步合劲,将敌方摔于地面。属于掤捋分合之劲。

关键

松左髋,盆骨右移掤右膝下沉。

白鹤亮翅技击法一

8—2 重心移至左腿落地踏实,掤提右脚,同时两手在腹前相合,右手掌心向上,左手里折腕虎口放至右手腕内侧上方。随之右脚向右前方45°铲出一步,脚跟落地,脚尖上翘,目视右前方。

要点

左胯、左膝与头和右膝形成立体对拉点。

实战法

脚法。如敌一脚踢来，我以两手内外拦截或合抱敌脚，同时脚踩敌膝关节或小腿胫骨，用冷劲伤敌膝关节。属于将捌之劲。

8—3　松沉左髋，盆骨右移掤右膝，身体随之左转。同时右脚内扣踏实，两手沉肘立掌上提至胸前双逆缠分开，左手向后走下弧线至左腿后侧，右手向右前方走上弧线掤出。两手分开的同时，左脚脚尖弧线跟进点于右脚斜后方，重心在右，目视右前方。

要点

　　两手分开时走的路线要有上下、左右、前后的弧线意识。

实战法

　　若敌方一拳打来，我两手交叉上举接手，右手从外侧顺缠抓住敌臂交于左手，左手逆缠外分的同时右手弧线击打敌方颈动脉。属于捋捌之劲。此招不到危急时刻请慎用。

点拨提高

√　手与脚走弧线时，要有膨胀感、球体感。一招一式要劲达四梢，两手、两脚、头要领起来，精气神要出来。晃来晃去不仅影响锻炼质量，用于技击的效果更打折扣。

错误纠正

●　所谓功夫，外在表现是高度协调的。在练拳中要有一种复合的力量，单体的协调还没有达到高度协调的要求，

关键

松沉左髋，盆骨右转捌右膝，身体随之左转。

白鹤亮翅技击法二

高度协调必须是复合式的力量。功夫的内在表现就是要均衡，不均衡就是太极拳所说的高低不平、断劲，就是劲力不匀。只有劲力均衡的时候才能产生肢体的球体感，这是太极拳的特色，也就是掤劲。如果你一会儿重，一会儿轻，就相当于有棱角，就像在一个高低不平的地面上滚一个球，就会带来一种阻力，这在练习当中要注意。

训练功课

　　1."黄金三角"的基本功"卷腕"训练，20次为 1 组，共练 2 组。

　　2."拧阀门"胯的转换训练，一左一右为 1 次，共做 60 次。

　　3."白鹤亮翅"训练 20 次。

　　4.已学式子连起来打 10 遍。

第九式　斜行拗步

斜行拗步

　　第九式"斜行拗步"，可分解为 4 个动作来完成教学。

9-1　（接上式）松沉右髋，盆骨左转掤左膝，身体随之右转。同时，右手顺缠走一个小圈后变逆缠走下弧线至右上方，手指尖与右肩平，左手同步走上弧线里合至胸前中线处，手指略高于左肩。在左手走上下弧线的同时，左脚后跟外摆90° 落地踏实，右脚以脚跟为轴，脚尖外摆90° 上翘，目视左前方。

要点

重心左移与左手外开、右手走小圈要同步进行；左手走上弧线、右手走下弧线与左右脚外摆要同步进行。

实战法

敌方一拳打来，我右手手背接手往右后侧顺势一捋，变为迎面掌，用挒劲打击敌方面部。如敌方躲过，我左手和右手顺势下采敌方右手，以右脚脚跟与双手形成的合力将敌向右后方摔出。属于挪捋采挒之劲。

9—2 松沉左胯，盆骨前移踏实右脚，随之松沉右胯，膝与脚尖相合。挪提左脚，同时左手逆缠右手顺缠向左走下弧线，左脚随之向左铲出一步，脚跟落地脚尖上翘，目视左前方。

关键

松沉右髋，盆骨左转挪左膝，身体随之右转。

斜行拗步技击法一

关键

松沉左胯，盆骨前移踏实右脚。

要点

　　掤提左脚铲出一步时，两手走弧线不要停顿，身体各部分的内在劲力相互呼应。

实战法

　　敌方一拳打来，我用右手在敌臂外侧接手，左手从内侧接手，两手后捋，同时左脚勾铲敌膝关节。也可用于摔法，我用右手在敌臂外侧接手，左手从内侧接手，两手后捋，同时出左脚插于敌两脚间，左脚后掤两手向右后捋，左脚与两手形成一个分劲，摔敌于身前。属于掤捋挤靠之劲。

9—3　松沉左髋，同时旋转右胯，身体随之下沉。左手逆缠右手顺缠同步向左走下弧，左手经左膝下方至外侧，右手至胸前中线。身体随之微微右转，重心在右，目视左前方。

要点

右胯的转换与下沉，带动两手尺骨桡骨的旋转向左下捋。

实战法

这是一个摔法，敌抓住我双臂，我左手逆缠右手顺缠反抓敌臂，两手与左脚配合突然开步左沉，制造一个瞬间不平衡，将敌方从左侧摔出。属于掤捋挤按之劲。

9—4 松沉右髋，盆骨左转带动左脚内扣落地踏实，身体微向右转。同时，左手在左膝外侧顺缠变勾手上提至腋下，右手在胸前中线位置逆缠走后弧线收至右耳下方。随之松沉左髋，盆骨右转掤右膝，同时两手向左右外分掤出，上肢与下肢扭曲成"十"字状，两脚内扣里合平行于一线，目视右前方。

关键

松沉左髋，同时旋转右胯，身体随之下沉。

斜行拗步技击法二

正　　　　　　　　　　側

关键

松沉左髋，盆骨右转掤右膝。

要点

上肢与下肢、两脚与两手劲力相合又对拔。

实战法

若敌方抓住我两臂，我右手向左下按压敌方头部，同时左手折腕上提，以腕部击打敌方右太阳穴。若敌方抓住我右手，我上提右臂用肘关节外挑击打敌方手臂，顺势用掌击敌方耳根。也可用为一个转身的摔法。属于掤将按捌之劲。

点拨提高

√　斜行拗步要求在斜中求正，肩与胯、肘与膝不是相照的，是一个特殊的身法，训练目的主要是胯的骨扭力与旋转度。

√　手上的动作，是在白鹤亮翅的基础上，右手写一个"e"，左手写一个"c"。

错误纠正

● 注意右手在画"e"的时候，左手也要同步动，两边的"黄金三角"不能破坏，肘一晃动"翅膀"就断了，这个要避免。不要小看手上的线路，这个线路就是"术"的一部分，因为只有这条线路敌方是抓不住你的，你走另外的线路，别人一抓你就起不来了。

● 在手将上来之后，右胯沉下去，上肢保持挺直，脚合劲，手提起来。这里右手提起来要像六封四闭一样，肘往外顶、手往前来，合到颌部下面，然后分开。在这个地方两脚要用力，不要手上一用力就把脚忘了。两手两脚的力量必须要运用到每一个动作里，身体要规整，如果"胯的转换"解决了，四面八方都会很稳固地支撑着。

训练功课

1. "黄金三角"的基本功"卷腕"训练，20 次为 1 组，共练 2 组。

2. "拧阀门"胯的转换训练，一左一右为 1 次，共做 60 次。

3. "斜行拗步"训练 20 次。

4. 已学式子连起来打 10 遍。

第十式　披身锤

第十式"披身锤"动作比较复杂，可分解为 8 个动作来完成教学。

披身锤

10－1（接上式）松折右髋，盆骨左转掤两膝，右髋右折
上身右倾。同时，两手双逆缠沉肘回收，折腕成拳
后变双顺缠，并随上身右倾下压，分别置于大腿内
外两侧，拳面相对，间距 30 厘米左右。重心在右，
目视左前方。

要点

转身与折腰一气呵成，上身"黄金三角"不变，左腿
外虚内实。

实战法

敌方一拳打来，我用右手接手，交与左手，右手掤击
敌方手臂，同时迅速向右折腰把敌方摔出。这是一个断臂
摔法，也可用于靠打。属于掤捋开合靠捌劲。

10－2 松沉左髋，盆骨右转掤两膝，将右倾的身体拉向左
侧。同时，两拳继续内卷，带动尺骨桡骨的翻滚，

向左腿内外两侧插下，拳背相对。左脚脚趾用力逆缠，重心移至左脚，两脚踏实，目视左前方。

正　　　　　　背

要点

左脚趾用力逆缠与两手内卷劲力相合，将右倾的身体拉向左侧，"黄金三角"不变。

实战法

若敌方抓住我双臂，我可用两手内卷下插，配合身法破之，使敌方身体向左前倾而扑地摔出，或击打敌方小腹部。属于掤捋挤采之劲。

关键
松沉左髋，盆骨右转掤两膝。

10-3　松沉右髋，盆骨左转掤两膝，身体随之右转，同时两拳逆缠沉肘提腕至胸前。随之，两拳顺缠带动尺骨桡骨向左前方里折腕掤出，同时松沉左髋，盆骨右移掤两膝，两脚踏实，微微站起配合双拳击打。重心落于左脚，目视左前方。

要点

双拳逆缠上提的时候，肘胯同屈同伸，与重心转换步调一致。

实战法

敌方一拳向我打来，我用双手接住，利用尺骨桡骨的滚动下捋，由下弧线转上弧线折腕，用腕关节打击敌方面部。属于捋捌之劲。

10—4 微微松沉右胯的同时，两拳逆缠走一小圈成平拳，迅速震脚前击，目视左前方。

要点

两拳逆缠走小圈与松沉右胯二意相通，前击与震脚一气呵成。

实战法

这是近距离击打法，用于敌我贴身和零距离击打，常用于连击。属于太极拳冷劲、弹抖劲。

10—5 松沉右髋，盆骨左转掤两膝，身体随之右转。同时，两拳双顺缠里合随身体右转，左拳置于胸前中线位置，右拳置于右腿外侧，重心落于左腿，目视前方。

关键

松沉右髋，盆骨左转掤两膝。

披身锤技击法一

要点

两手顺缠带动尺骨桡骨随身体旋转，手臂上的自转与身体的公转同步。

实战法

摔法。左右手缠住敌方的身体，一高一低配合身体的旋转将对手从右边摔出。属于掤捋挤按之劲。

10—6 松沉左髋，盆骨右转掤两膝，身体随之左转。同时，右拳逆缠沉肘提腕走上弧线至胸前中线，手腕与下巴等高，左拳顺缠内卷走下弧线至腹前，拳心朝上，目视前方。

要点

两脚逆缠里合，两手一上一下内在劲力相呼应，不要破坏"黄金三角"。

实战法

若敌方右拳击来，我左手从内侧接手后插入敌方腋下，从敌方肩臂处下捋，同时右手提腕击打敌方头部；也可用于摔法，左手抓敌臂下捋，右手在敌腋下插入上提，上下一个合力将敌从左侧摔出。总之，两手一上一下、一里一外，中间是敌人。属于掤捋挤捌之劲。

10—7 "黄金三角"不变，右拳顺缠走一个小圈使手心向上，同时右膝前掤带动身体微向左转，左拳顺缠内卷走至髋关节上方，目视前方。

关键

松沉左髋，盆骨右移掤两膝。

要点

右拳顺缠小圈、左拳顺缠至腰际、掤膝转身，这几个动作要同步完成。

实战法

连击拳法。当我打击敌方头部被躲过时，右手立即顺缠走弧线用掌根挫击敌方颈动脉。属于太极拳冷劲、弹抖劲。

10—8 松沉左髋，掤两膝。同时，右拳逆缠走弧线使拳心向前，左手在髋关节上逆缠走一个小圈使手背朝上，拳面顶于腰际。左手小臂内侧压于左腿之上，右拳在右膝前上方与肩平，肘膝相合，重心落于右腿，目视左下方。

要点

上身挺直，左脚尖与左右两膝三点成一条线。

实战法

　　若我手挫击敌方颈动脉又被躲过，右手逆缠收回，顺势用右肘击打敌方胸部，并走一小圈用右拳外侧击打敌方右侧颈动脉；左手主要用于抓住敌方右手不放。在传统拳法中，这招也是一个背靠法，敌方右拳打来，我用右手在敌臂外侧接手，顺势一捋交于左手，接续肘靠、背靠，乃至断臂摔。属于掤捋靠捌之劲。

披身锤技击法二

点拨提高

∨　"披身锤"主要是训练两胯的左右劲与折叠、旋转，还有手上的缠丝劲，是基本功性能极强的一个招式。"斜行拗步"是向左的，那么"披身锤"就是向右的，这两个招式都以训练胯上功夫为主。

∨　在此式训练中，注意体会髋关节的左右折叠，因为平时髋关节习惯于上下折叠，很少左右折叠。拉一拉髋关节的左右副韧带，为盆骨的旋转创造余地。

∨　手上的动作要保持在"黄金三角"下进行，这招"披身锤"与下一个动作"青龙出水",有一些手臂折叠动作，目的是训练"手臂的分家"与尺骨桡骨的旋转灵活性。

∨ "胯的转换"就是盆骨在髋关节上的运动，只有这种运动方式，才有可能得到"立地生根"，因为"胯"是上下劲力的"离合器"。所以，当震脚后，"胯的转换"带动身体右转，要与手臂尺骨桡骨的旋转同步，左拳在身体中线位置，右拳在右腿后侧。注意外掤内转的左右两个拳并没有拉开间距。

∨ 最后的定势，左手压下去的时候左膝要前掤，上身挺直，尽量拉开左髋关节，左脚的脚尖与左右两膝关节保持一条线。"披身锤"招式对拉伸髋关节的要求非常高，希望认真习练。

错误纠正

● 披身锤的手形问题：披身锤逆缠回来变顺缠，容易犯错的地方是两手回收没有逆缠，直接变拳。

● 披身锤动作记住四点：一是掤两膝，二是松髋走盆骨变换重心，三是"黄金三角"不能变形，四是拳头通过顺逆缠带动小臂尺骨桡骨。在整个招式中要处处体会复合劲，千万不要随心所欲地完成动作。

训练功课

1. "黄金三角"的基本功"卷腕"训练，20 次为 1 组，共练 2 组。

2. "拧阀门"胯的转换训练，一左一右为 1 次，共做 60 次。

3. "披身锤"训练 20 次。

4. 已学式子连起来打 10 遍。

第十一式　青龙出水

"青龙出水"主要训练"胯的转换"、大小臂的分家与手上的缠丝，动作有点复杂，可分解为 6 个动作来完成教学。

青龙出水

11—1 （接上式）右腿缓缓站起，同时松沉右髋，盆骨左转掤左膝，身体随之右转。同时，右拳顺缠由上往下走弧线至小腹前，左拳逆缠由下往上走弧线至胸前中线。两手在腹前交叉，右拳在里在下，左拳在外在上。两脚逆缠里合，重心偏左，目视前方。

要点

"黄金三角"保持不变，两拳带动尺骨桡骨滚动相交于腹前，两拳与两脚内在劲力相呼应。

实战法

敌方一手抓住我前胸或一拳击来，我右手在敌手臂上方接手下捋，同时左手提腕击打敌方面部。可以左右手互换连续打击。属于捋挒之劲。

11—2 松沉左髋，盆骨右转掤右膝，身体随之左转。同时，左手顺缠卷腕走下弧线至腹前，手心朝上，右手逆缠卷腕走上弧线至胸前中线，手心向下。两手在腹前交叉，左拳在里在下，右拳在外在上，两脚逆缠里合，重心偏右，目视前方。

要点

此动与上动一样，只是左右拳位置互换。两膝掤住不允许随意晃动，两脚逆缠里合与双手相呼应。

实战法

连击法，左手接手下捋，右手击打，右手接手下捋，左手击打。属于捋捌通臂之劲。

11—3 松沉右髋，盆骨左转掤左膝，身体随之右转。同时，右拳变立掌用力回拉至小腹前，左拳同步变上挑掌，两脚逆缠里合。两臂同时震肘回拉与掤出，重心偏左，目视前方。

要点

迅速转胯，右手回拉，左手掤出，劲力一致同步震肘。

实战法

同样是连击法。敌方一拳打来，我右手从敌手臂内侧接手，抓住下捋，同时左手击打敌胁下肝部。左右手互换可以连续使用。属于捋捌通臂之劲。

关键

松沉右髋，盆骨左转掤左膝，身体随之右转。

11-4 迅速松沉左髋，盆骨右转掤右膝，两脚踏实里合。
同时，右手逆缠变拳走下弧线向右膝盖外侧掤出，
左手同步顺缠变爪走上弧线至右胸。左右手在胸前
一进一出同步交叉，重心偏右，目视右方。

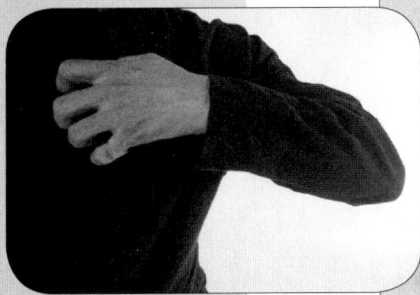

关键
迅速松沉左髋，盆骨右
转掤右膝。

要点

转胯与左右手相交，一气呵成，追求上下、左右合力。

实战法

若敌方抓住我右臂，我用左手抓住敌方手腕回拉，同
时右手折腕打出，挣脱被抓之臂。也可用于打击，敌方一
拳打来，我用右手接手顺势一捋交于左手，同时右拳击打
敌方胁部或腹部。属于捋捌通臂之劲。

11-5 右胯微沉，右膝继续前掤，身体随之微左转。同时，
右手逆缠提腕走上弧线至胸中线，左手左拉使两手
于胸前成穿心肘。两脚逆缠里合，重心偏右，目视
右前方。

要点

胸前两手有锁肩顶肘对拉之意，两肘、两膝的掤劲与两脚踏实劲力互通。

实战法

敌方一拳向我打来，我用右手接手后走一个弧线交于左手外捋，同时右手逆缠变肘，用肘尖击打敌方胸部。属于掤捋挤靠通臂之劲。

11—6 松沉右髋，盆骨左转掤左膝，身体随之右转。同时，两手在胸前逆缠内卷提腕，沉肘变顺缠，双拳向右前方弧线掤出，拳心朝里，重心偏左，目视右前方。

关键

松沉右髋，盆骨左转掤左膝，身体随之右转。

青龙出水技击法二

要点

两脚踏实、两膝前掤、两手掤出，内在劲力相呼应。

实战法

敌方抓住我前胸或一拳向我打来，我两手向下一捋，同时两手变为挒劲击打敌方面部。属于捋挒之劲。

点拨提高

∨ "青龙出水"主要是手臂动作，技法集中在两手与小臂上。除了"胯的转换"之外，要去寻求"手臂上的节节分家"，一切动作都必须保持在"黄金三角"不破坏的前提下进行。

∨ 青龙出水在披身锤的基础上，两手一顺一逆，在腹前相交，交叉的时候与胯的转动相合，松左胯掤右手，松右胯掤左手。立掌上翘发力，要通过两手逆缠带动小臂尺骨桡骨旋转，震肘是为了给尺骨桡骨旋转来个"急刹车"。

√ 两手的各种动作必须同动同停，把"通臂劲"发挥出来，"通臂劲"是太极拳的母劲。"胯的转换"，也就是重心虚实转换要与手上动作合拍，做到肢体的上下、左右协调，劲力接地。

错误纠正

● 习练此招式时，容易忘了"黄金三角"，手臂上没有做到节节分家，就影响了尺骨桡骨的转动。

● 注意"松胯"时只能有一个髋关节折叠，如果两髋同时折叠，会导致上下劲力不通，迫使发力用腰背的"拙力"，造成上下动作不协调、劲力不通、身法僵硬等毛病。我们有句古话叫"力从脚生"，力是从脚跟开始往上传的。如果要把力量传上来，外在表现上，实腿永远不断开，上下是连接着的，断开的是虚腿；内在表现上，实腿支撑着重心，内在的劲力在虚腿上，形成支撑的架构，也就是"虚者实也，实者虚也"的太极拳理。

● 轻重虚实的转换不是脊柱的扭转，也不是膝盖和脚，转换在"胯"。比如左腿是实的，左侧髋关节是与盆骨连接，右髋是断开的，当要转换重心的时候，就要松开左髋，同时盆骨右转与右髋连接起来，一松一连的转换就是"胯的转换"。如果两侧都断开，那么转动的就不是"胯"而是腰椎，左右两个膝盖就成了平行的，一看就知道"胯"是僵硬的。

> **关键**
> "黄金三角"固定，肘、膝两个固定关节固定，融入到拳架中去，这是去除"拙力"的基础。

训练功课

1. "黄金三角"的基本功"卷腕"训练，20次为1组，共练2组。

2. "拧阀门"胯的转换训练，一左一右为1次，

共做 60 次。

　　3."青龙出水"训练 20 次。

　　4.已学式子连起来打 10 遍。

训练问诊

　　1. 重心虚实在拳架中如何运行?

　　答:问这个问题,说明"胯"在练拳走架过程中是不灵活的,根本就没有正确地练到过"胯"。"胯"是传统武术的术语,在医学、解剖学上并没有这个名称。髋关节与盆骨二者相加称为"胯",是个组合体。所以,轻重、虚实是由盆骨在两个髋关节上转动而决定的。其实不需要刻意去做出轻重、虚实的动作,当可以灵活运用"胯"时,轻重虚实就已经掌握了。

　　再讲一下虚实,虚实不明容易犯"双重"之病。轻重与虚实是两个概念,如果说轻重是重心转换的外在表现,那么虚实就是指内在劲力了,内在劲力正好与外形重心相反。比如重心在左腿,内在劲力是右脚为实,左脚为虚。如果重心在左腿,内在劲力也是左脚为实,此为"双重"之病。"虚者实之,实者虚之"就是这个道理。

　　2. 松左胯顶右膝,右胯也顶出去吗?

　　答:松左胯掤右膝,而不是顶右膝,顶与掤不一样。顶是由胯跟向膝盖方向推,掤是膝盖主动拉动大腿并与之产生拮抗力（二争力），两种用力方式不一样。松左胯，盆骨右转掤右膝，也就是这个时候，盆骨已经与右髋连接上了，所以可以称为右"胯"了。

3. 运动量如何掌握？

答：训练重在质量，错误的训练方法数量练得最多，也只是不断重复着错误。所以，我一直强调练拳要用思维指导训练，强化对动作合理性的推敲。人成年后身体的力量已经注定，经过强化训练可能会提升三五十公斤，但一段时间不练马上退化到既定力量，唯有训练肢体运动结构，才是增加功力的长效方法。

4. 练整套拳时，所有的重心转换都是松沉左髋掤右膝，或松沉右髋掤左膝吗？

答：是的，这是拳法在定步中的最基本要求，先把下肢与上肢通过"胯"整合连接起来，这是第一步。这个"松"里面有很多内涵，既是重心转换，又有胯与膝、膝与踝的拮抗力。松左髋时，左膝左腿要有不情愿跟随盆骨右转的意念，这是一个矛盾体，没有矛盾就不叫太极拳。

5. 在拳架中是否应尽量保证两脚平行？

答：是的。在拳架定步训练中要尽量做到两脚平行，而且要两脚逆缠里合，使踝关节与膝关节得到固定，旋转任务直接由髋关节去做。比如拳式中的"斜行拗步"，它主要训练的是髋关节的左右旋转幅度、角度，使身法更加灵活，骨扭力增大、增强。两脚尖平行，不论对于锻炼身体还是技击技艺，都有重要意义。

6. 转胯为什么松一侧胯？如果按紧的要求，两侧胯都不松岂不更好？

答：如果两侧胯都不松，就影响了动作、身法的灵动性，也就僵硬了。太极拳是一门肢体技术，既要考虑传力，又要考虑灵活变化，松一侧"胯"的目的，就是要为身体左右运动提供"旋转余地"，如同汽车的离合器确保了"换挡"的灵活性。从技击而言，太极拳包括发力与卸力两个方面，一紧一松是为了完成轻重变换，用于卸力破招。太极拳的格斗技法基本属于防守反击，在确保自身安全的情况下才会去瞬间攻击，打化一体。因此，太极拳在格斗中的变速常常令人惊恐。

7. 转胯时，稍微坐身，两膝就会疼痛，请问如何定膝？

答：如果已有膝盖伤病，应遵循医生指导，如不严重，可以通过正确锻炼来恢复。身要坐下去时，要以髋关节的折叠为主，不要蹲下去，肢体重量在髋关节上分担一大部分负荷，为膝关节减轻负担。如果已经有了膝盖疼痛，可以站得高一点，动作一招一式要缓慢，更不要折叠过度。练拳走架时，膝盖千万不能左右摇晃，要用点力去固定，上身必须挺直，折叠时头不能超过膝盖，重心转换必须用"胯"。

8. 转胯时感觉还是腰在左右转，是否也是因为膝痛不能受力造成的？

答：说反了，正是因为平时习惯于腰的运转才带来了膝痛，说明你在练拳过程中盆骨根本就没运动到。练拳是有顺序的，先练肩与膝、肘定位，有了这个肢体规矩就不会摇晃，再练"胯的转换"就自然而然了。

臂上的功夫手上练

　　太极拳手上的技法灵活多变，尤其尺骨、桡骨更是"术之重器"。对小臂尺骨桡骨的"自转"训练，不仅增强了手臂灵活度和速度，还为太极拳的至高劲力"复合力"打下基础。

主动、被动、不动

真传课堂

主动、被动、
不动

　　肩、胯、脚三个部位的训练，我称之为"练武"。本章主题是"臂上的功夫手上练"，其训练载体是"主动、被动、不动"，也就是"术"的基础训练。

基本功：手臂折叠

　　1. 上肢保持"黄金三角"，脊椎挺直，尾闾微泛，命门内收，含胸拔背，头往上领，目光平视。

　　2. 上肢姿势不变，劲力不丢，两手双逆缠沉肘提腕至胸前，接着两手双顺缠外分走下弧线里合，在胸前托起，两手心朝上。

　　3. 接上式，两手双逆缠翻掌外分至两腿外侧，两手背朝上，接着沉肘提腕回收至胸前，呈起势状，一上一下为1个训练单元。

要点

　　意在肘腕拮抗力（二争力）上。手主动、小臂被动、大臂不动，两手顺缠里合与逆缠外分时，两大臂千万不要与肩断开。否则整体劲力断了，"翅膀"就断掉了。

作用

　　两手主动顺逆缠，小臂的尺骨、桡骨被动旋转，大臂保持不动，这样训练不仅锻炼了肘关节、腕关节的副韧带和关节力矩，还实现了手臂的节节分家。太极拳手上的技法灵活多变，尤其尺骨、桡骨更是"术之重器"，对小臂尺骨桡骨的"自转"训练，不仅能增强手臂灵活度和速度，还为练习太极拳的至高劲力"复合力"打下基础。所以，主动、被动、不动，是一种"术"的训练。

小臂的训练对健身养生有哪些好处呢？在传统的中医文化中，小臂上有六条经络。三焦经、大肠经、小肠经，这三条经络是阳性的；心经、心包经、肺经，这三条经络是阴性的。现代搏击、拳击，以及跆拳道等训练方式，很少能锻炼到这六条经络，而太极拳作为中华传统武术，注重系统训练，我提出的"固定关节更固定，灵活关节更灵活"也是为了对经络进行"立体"训练。

经络这个东西很神奇，它浅至表皮，深到脏腑，甚至到骨膜，是一个立体网络。主动、被动、不动这种"节节分家"的拉伸旋转运动，完全能够锻炼到手臂上的六条经络，对改善很多健康问题都有作用。比如说肩颈问题，根据中国传统的经络学说，肩颈问题不单来源于肩颈区域的骨骼错位、肌肉紧张，还由于经过肩颈的大小肠两个经络堵塞。只有把这两个经络运动开来，肩颈才能真正得到放松。从穴位上来讲，主动、被动、不动的训练能使手上的内关穴、外关穴得到最大程度的锻炼。

招式训练

本章的教学目标是突破"手臂上的分家"，把"主动、被动、不动"融入到招式中去，去除"拙力"，为太极拳"劲走骨架"的要求打基础。

第十二式　云手

第十二式"云手"，可分解为 5 个动作来完成教学。

12—1　（接上式）左脚松胯下沉，同时两拳打开变掌，向右前方走一个小圈，顺势向左走下弧线。右手走至右腿外侧时将右腿带回点步于左脚旁，右手指尖点于腹部，手心朝上；左手在左肩外侧前方，指尖与耳同高，手心朝外。重心落于左脚，目视右前方。

云手

关键
手为主动，小臂为被动，大臂为不动。

要点

保持"黄金三角"不变，两手的顺缠、逆缠带动小臂尺骨桡骨旋转折叠。

实战法

敌方一拳向我打来，我用左手拦截下捋，右手上升打击，或者右手拦截下捋，左手上升打击，相互交替使用。

属于掤捋挤按之劲。

12—2 右脚踏实，重心右移。同时，右手顺缠，贴胸沉肘上提，变逆缠走上弧线向右前方掤出，右手手心朝外，与耳同高；左手同步变顺缠走下弧线里合至小腹中线，指尖点于腹部，手心朝上，同时把左脚带起向左横跨一步，脚跟落地脚尖上翘，重心在右，目视左前方。

要点

两手顺逆缠走弧线的时候，要求锁肩顶肘，注意轻手重脚、重手轻脚。

实战法

靠法。敌方一拳打来，我用右手在敌方手臂外侧接手向右后捋，同时进左脚，右手抱于敌方后腰，用左肩靠敌方右腋下使敌方跌出。属于掤捋挤靠之劲。

名词

轻手重脚、重手轻脚：轻手重脚一般用于两脚踏地式的动作，重手轻脚一般用于单腿支撑时的动作。

云手技击法

12—3 松沉右髋，盆骨左转，左脚落地踏实。同时，左手顺缠，指背贴胸沉肘上提至胸前，变逆缠向左走上弧线至左前方，与耳同高；右手同步顺缠走下弧线至小腹中线，手指点于腹部，重心落于左脚，目视右前方。

关键

手为主动，小臂为被动，大臂不动。

要点

两手顺逆缠走弧线的时候，要求锁肩顶肘，注意轻手重脚、重手轻脚。

12-2 与 12-3 两个动作连续向左做三遍。

12—4 松左髋，盆骨右转。同时，右手顺缠，指背贴胸沉肘上提至胸前，变逆缠向右走上弧线至右前方，与耳同高；左手同步顺缠向里走下弧线至小腹中线，手指点于腹部，同时将左脚带回点于右脚旁。重心落于右脚，目视左前方。

要点

　　"云手"动作一般是向左做三个，再回返向右做三个。本动是转换方向的过渡动作。

12—5 左脚踏实，重心左移。同时，左手顺缠，贴胸沉肘上提，变逆缠走上弧线向左前方掤出，手心朝外，与耳同高；右手同步变顺缠走下弧线里合至小腹中线，指尖点于腹部，手心朝上，同时把右脚带起向右横跨一步，脚跟落地脚尖上翘，重心在左，目视右前方。

关键

手为主动，小臂为被动，大臂为不动。

12—6 松沉左髋，盆骨右转，右脚落地踏实。同时，右手顺缠，指背贴胸沉肘上提至胸前，变逆缠走上弧线至右前方，与耳同高；左手同步顺缠向里走下弧线至小腹中线，手指点于腹部，同时将左脚带回点于右脚旁。重心落于右脚，目视左前方。

要点

12-5 与 12-6 两个动作连续向右做三遍。

点拨提高

云手这个动作可以上下、左右、前后做，可以并步、叉步做，架子可以高也可以低，任凭习练者喜好。但是有几点要注意。

√ 一是手的运动轨迹一定要走弧线，上升手尽量贴住胸部上升，变逆缠旋转出去。

√ 二是手心手背交换，训练小臂的尺骨桡骨旋转。

√ 三是必须在保持"黄金三角"不变的状态下训练手的主动、小臂被动和大臂不动，其目的就是为了训练手臂上的节节分家，促进关节韧性与灵动性。

√ 四是动作过程中手与脚要步调一致，轻重转换要明确，提脚、出脚要力求轻灵。

错误纠正

● "云手"要求力达四肢，轻重分明，切忌动作不圆润、僵硬。不要只管住了手，丢了下肢的轻重。

● 切忌两腋夹角一大一小不对称，如果出现一大一小的状态，转的一定是腰椎而没有走"胯"。

● 劲力要"含而不丢"，无时不在，要有球体感，胯和肘要同屈同伸，千万不要全身松软得像跳舞一样。

训练功课

1. "拧阀门"胯的转换训练，一左一右为 1 次，共做 20 次。

2. 基本功"手臂折叠"，20 次为 1 组，共做 4 组。

关键

手为主动、小臂为被动、大臂为不动。

真传课堂

云手的
训练目的

3."云手"训练 20 次。

4.已学式子连起来打 8 遍。

第十三式　左右野马分鬃

野马分鬃

"左右野马分鬃"主要是手上动作，以训练大小臂的分家与手上的缠丝为主，动作较简单，可分解为 4 个动作来完成教学。

13-1（接上式）左脚落地踏实，同时右手顺缠走下弧线至上腹部；左手指背贴胸，沉肘上升至胸前变逆缠外开走弧线。右手弧线走至右腿外侧的同时，将右腿带起向右前方 45° 踏出一步，脚跟落地脚尖上翘，重心在左，目视右前方。

1

2

要点

锁肩顶肘，左手逆缠下按，右手顺缠上掤，两手与两脚劲力相合。

实战法

擒拿。若敌方一拳打来，我右手于敌方手臂外侧接手，顺势走下弧线，使敌方的手臂呈反关节状，左手按压或击打敌肘部，两手一个合力伤敌肘关节。也可用左手接手后捋，右手抱敌肘部，同时提右脚踩蹬敌膝关节侧面，使敌肘、膝部受伤。属于掤捋挤按之劲。

13—2 松沉左髋，盆骨右转掤右膝，带动身体左转。同时，右脚尖内扣落地踏实，右手顺缠左手逆缠，分别向前后横向掤出。右手在前手心朝上，左手在后手心朝下，重心在右，目视右前方。

关键

手为主动、小臂为被动、大臂为不动。

野马分鬃技击法

要点

锁肩顶肘，两手配合两脚逆缠里合，两手外分时有逆缠之意，上肢框架结构必须刚性。

实战法

肩靠、肘靠。若敌方一拳打来，我用右手于敌方手臂外侧接手，顺势下捋走下弧线交与左手，同时转换重心，用肩靠敌胸部或用肘靠敌腋下，使敌跌出。属于掤捋捌靠之劲。

13—3 松右髋，盆骨左转掤左膝，带动身体右转。同时，右脚以脚跟为轴脚尖外摆180°，右手同步逆缠走上弧线，左手顺缠走下弧线，相合于腹前，右手在上左手在下，掌心相对。重心在左，目视前方。

要点

重心转换、转身、脚尖外摆、两手相合，这几个动作
要同步完成。

实战法

敌方一拳打来，我用右手在敌臂内侧接手，摆脚转身
配合右手逆缠下将，同时出左手托在敌肘下方，两手一个
合力折断敌方手臂；也可使用左肘撞击敌方肋部。属于掤
将挤靠採捌之劲。

13—4 重心移至右腿，掤提左脚向左前方 45° 铲出一步，
随之盆骨左转，带动身体右转。同时，右脚逆缠里
合踏实，左手顺缠右手逆缠，分别向前后横向掤出。
左手在前手心在上，右手在后手心在下，目视左
前方。

关键
手为主动、小臂为被
动、大臂为不动。

关键

手为主动，小臂为被动，大臂为不动。

要点

锁肩顶肘，两手配合两脚逆缠里合，两手外分时要有逆缠之意。

实战法

敌方一拳打来，我用右手在敌臂外侧接手，同时左脚上步，左手经敌方腋下穿于敌方胸前，将敌方肘关节外侧置于我左肩前，左右手与肩部形成一个外分合力，使敌方肘部受伤并倒地。如果用于打击，可以肘击敌腋下、肩靠或用左手击打敌颈部。属于掤捋捌靠之劲。

点拨提高

√　做"左右野马分鬃"动作时，要注意两脚撑实、平行，出脚角度为 45°，转身之后还是 45° 出脚。整个动作过程中，要有膨胀的球体感，始终力达四肢，而且肘与手要有互动意识。

错误纠正

●　训练过程中，不可任由大臂带动手上动作、肩臂断开，上下肢不协调。两手外分不可仅用手臂之力，没有肢体框架意识。这些在习练拳架中都需要注意。

　训练功课

　　1. "拧阀门"胯的转换训练，一左一右为 1 次，共做 20 次。

　　2. 基本功"手臂折叠"，20 次为 1 组，共做 4 组。

　　3. "左右野马分鬃"训练 20 次。

　　4. 已学式子连起来打 8 遍。

第十四式　双推手

　　"双推手"动作与"六封四闭"接近，只是两手推的方向不一样，"六封四闭"向右下方推，而"双推手"是向胸前方推。"双推手"可分解为6个动作来完成教学。

双推手

14—1（接上式）松沉左髋，盆骨右转掤右膝，带动身体向左转。同时，左手逆缠右手顺缠，分别走小圈变拳，迅速向左侧折腕弹抖，目视左前方。

要点

　　两膝要掤，并与两手劲力相呼应。

实战法

　　当敌方抓住我两手腕时，我用双拳的弹抖劲挣脱对手。也可用于擒拿，如敌方抓住我右手，我右手走小圈反拿敌腕，左手在敌臂上方与右手同时用捯劲弹抖制敌于

关键

手为主动，小臂为被动，大臂为不动。

双推手技击法一

地。属于弹抖挒劲。

14—2 松沉右髋，盆骨左转掤左膝，两拳逆缠顶肘提腕收
于胸前。随之松左髋，盆骨右转掤右膝，带动身体
左转。同时，两拳顺缠走上弧线向左前方卷腕掤出，
重心偏右，目视左前方。

要点

左右两拳逆缠收进与掤出时，双拳带动尺骨桡骨走了
一个小圈，要将"胯"的公转和小臂的自转体现出来。同
时注意肘胯同屈同伸。

实战法

若敌方抓住我的双臂或前胸，我左右手在敌手臂上走
一个圈下压，迫使敌跪倒之后，用挒劲击打敌方面部，或
双拳贯耳。此招凶狠，慎用。属于将挒之劲。

14—3 松右胯下沉，同时两手顺缠走下弧线，左拳拳背点
于腹部，右拳向右走下弧线至右膝上方。同时左脚
尖上翘外摆135°，脚尖与左膝相合，目视左前方。

要点

　　"黄金三角"不丢，身往下沉，头往上领，左腿为虚
不丢劲。

实战法

　　敌方左拳向我打来，我用左手在敌方手臂外侧接手顺
缠下捋。同时，右手穿于敌方手臂里侧，向上往外一个大
捋，并转身摆左脚配合，折断敌方手臂，或者将敌由前向
后凌空摔出。属于挒捋之劲。

14—4 松沉左髋，重心移于左脚落地踏实，左拳拳背点于
腹部不变。同时，右手继续顺缠走上弧线至胸中线，

关键

手为主动、小臂为被
动、大臂为不动。

拳心朝里高与颌平，同步将右脚带起掤提于右肘下方，肘膝相合，目视前方。

要点

左膝下掤找左脚尖，右脚脚后跟找右髋，左右两脚形成上下对拉。

实战法

敌方一拳打来，我用右手从敌外侧接手，顺势下将交于左手。同时，提膝击打敌方小腹，或者用右手攻击敌方咽喉。属于掤将之劲。

14—5 左胯下沉，右脚向右前方 45° 铲出，脚跟落地，脚尖上翘与膝盖相合。同时，两拳变掌逆缠向左右分开，目视右前方。

名词

下掤：在拮抗力的作用下力量向下找。

双推手技击法二

要点

　　"黄金三角"不丢，两手逆缠带动尺骨桡骨，右腿为虚不丢劲。

实战法

　　当敌方抓住我双臂时，我用两手逆缠左右分开下压，即可解脱。也可用于摔法，两手逆缠后拉，利用两手轻重、上下之差的微妙技法摔敌于左或右。属于掤挒开合之劲。

14—6 松左髋下沉，盆骨右移掤右膝，带动身体微左转。同时，右脚尖内扣踏实，随之身体微右转，带动胸腰折叠。同时，两手继续逆缠走后弧线，经双耳下方向右前方掤出，两手拇指、食指在胸前相对。左脚走弧线跟进，点于右脚斜后方，重心落于右腿，目视前方。

要点

松左髋下沉时，重心右移、右脚踏实、两手逆缠、胸腰折叠，动作一气呵成。

实战法

若敌用双手抓住我双臂，我两手逆缠走一个上弧线并里合下采，使敌跌于我左侧。若敌方一拳打来，我双手逆缠下采拦截来拳，并迅速用双掌击打敌方。也可以肩靠，敌一拳打来，我用左手接手后捋，同时进步肩靠。属于掤捋采挒之劲。

点拨提高

∨　传统太极拳架中，一般由正面转侧面时，右手通常是变掌走下弧线大捋。而在这招"双推手"中，则结合了"白猿献果"的动作在里面。

∨　"双推手"和"六封四闭"有点像，六封四闭是在右边，双推手是在胸前。两个动作的要领也差不多，同样是训练手臂的主动、被动与不动，训练尺骨桡骨的旋转和灵活度，目的是为了替代"肩"关节的活动。手臂上的变化都是尺骨桡骨的旋转所带来的，当你在近身格斗时，尺骨桡骨的旋转会带来巨大的方便，所以称尺骨桡骨的旋转为"术之重器"。

错误纠正

● 这个动作不要晃动太多，在手往上带脚的时候，脚是掤提，而不是膝盖往上提。手推出去之前不要扭腰。

● "黄金三角"不松动，两手逆缠带动小臂尺骨桡骨推出去时，手掌上的合劲已经贯穿，不存在肩、肘、手这样的顺序发力。

掤提　　　　　　　　　　　　　膝盖上提

训练功课

　　1.“拧阀门”胯的转换训练，一左一右为 1 次，共做 20 次。

　　2.基本功“手臂折叠”，20 次为 1 组，共做 4 组；

　　3.“双推手”训练 20 次。

　　4.已学式子连起来打 8 遍。

三换掌

第十五式　三换掌

　　“三换掌”是太极拳中的经典连击招法，类似“三换掌”的招法在其他拳种中也经常出现，是中国传统武术的精华。“三换掌”可分解为 3 个动作来完成教学。

15—1（接上式）松沉右髋，盆骨左转掤右膝，带动身体右转。同时，两手顺缠在胸前相合，右手中指点于左手腕内侧的尺骨与桡骨之间，两手心向上。左脚尖点地不变，重心在右，目视前方。

关键

手为主动，小臂为被动，大臂为不动。

要点

　　这是一个特定动作，在重心不变的状态下，松沉右髋掤右膝，盆骨左转与左脚尖转换相呼应。“黄金三角”保持不变，两手、右髋和左脚趾三者劲力相通。

实战法

敌方一拳打来，我用右手从内侧接手逆缠向下将，同时左手托住敌方肘部顺缠向上，两手一个合力折断敌方手臂。属于将捌之劲。

15—2 松沉左髋，盆骨右转掤右膝，带动身体左转。同时，右手逆缠走左弧线向前掤出；左手顺缠走右弧线经右肘下方，中指回点于腹前，手心朝上。左脚尖点地不变，重心在右，目视前方。

要点

右掌击出时，身体不要随之前倾，两手有对拉之意，并与两脚劲力相呼应。

关键

手为主动，小臂为被动，大臂为不动。

实战法

　　敌方一拳向我打来，我用左手在敌手臂外侧接手下捋，同时右手用迎面掌击打敌方面部。另外，"三换掌"盆骨左右转动是从背后被抱住时解脱所用。属于捋捌之劲。

15—3 松沉右髋捯右膝，盆骨左转带动身体右转。同时，右手顺缠走下弧线经左手肘下方，中指尖回点于腹前；左手逆缠，沉肘贴胸提腕至下颌，由里折腕变为外折腕的同时向前捌出，手心向前。左脚尖点地配合"胯的转换"，重心在右，目视前方。

要点

　　两手不仅要有对拉之意，也须与两肘劲力相呼应，两手两脚必须产生掎抗力（二争力）。

关键

手为主动，小臂为被动，大臂为不动。

实战法

敌方右拳向我打来，我用右手在敌手臂内侧接手下捋，同时左手用掌根打击敌方下颌。若敌方正面抱住我，我用左肘顶敌方胸部并缩胸提左腕挣脱，变外折腕用掌根打击敌方下颌。属于捋捌之劲。

三换掌技击法

点拨提高

√ "三换掌"的动作精髓就在于转体与手腕，左右转体是训练盆骨的左右转动，是为在被敌抱住的被动状况下解脱所用。手上动作要再次强调：手为主动，小臂被动，大臂不动。

√ 之前说过，实腿从内劲上来说是虚的，虚腿的内劲是实的，要记住"虚腿实也，实腿虚也"，这仅指内劲。

√ "三换掌"要注意腋下夹角，"黄金三角"保持不变。

错误纠正

● 习练"三换掌"的时候，要注意"黄金三角"不要"瘪掉"，切忌扭腰，同时要充分反映出手臂上的主动、被动和不动，力求周身协调。

> 训练功课
>
> 　　1."拧阀门"胯的转换训练，一左一右为 1 次，共做 20 次。
>
> 　　2.基本功"手臂折叠"，20 次为 1 组，共做 4 组。
>
> 　　3."三换掌"动作训练 20 次。
>
> 　　4.已学式子连起来打 8 遍。

第十六式　肘底锤

肘底锤

"肘底锤"招式简单，可分解为 2 个动作来完成教学。

16—1（接上式）松沉左髋，盆骨右转掤右膝，带动身体左转。同时，右手在腹前逆缠使虎口贴胸，沉肘提起，左手逆缠带动尺骨桡骨走下弧线到左腿外侧。左脚点地，重心在右，目视前方。

要点

锁肩顶肘，右肘与左手劲力对拔，右手指与右肘劲力呼应。

关键
手为主动，小臂为被动，大臂为不动。

实战法

  敌一拳击来，我用左手接手下将，同时右肘尖击打敌胸部或腋下。也可用于摔法，若敌方抓住我胸部，我右手在敌手臂下方上提，左手在敌手臂上方下压，两手劲力一合，配以身向左转，将敌摔于左侧。属于掤捋挤按肘靠之劲。

16—2 松右胯下沉，盆骨微左转掤左膝，带动身体右转。同时，右手顺缠外开，向右前方走下弧线变拳，找左肘底相合；左手同步逆缠外开，变顺逆走上弧线至左膝上方，左肘尖与右拳眼相合。左脚点地，重心在右，目视前方。

要点

  两手要有对拉膨胀意识，与脚趾劲力呼应，左肘与右拳有上下左右相合之意。

实战法

　　敌方一拳打来，我用左手从内侧接手下捋，同时右手从敌右肩穿出顺缠夹住敌方脖子，走下弧线与左手一个合力。此招慎用。

点拨提高

√　注意膨胀意识，周身要有球体感。

错误纠正

●　右手弧线下捋变拳，不要在腰间变拳完毕再伸出去放到左肘底下，这样手上的劲就容易与身体断开。

●　左肘与右拳不仅要有外顶内卷的拮抗力（二争力），还要与左手有相合之意，与两脚呼应，这样才会产生球体感。

肘底锤技击法

名词

外顶内卷：在固定关节更固定的基础上产生的拮抗力动作。

训练功课

　　1.“拧阀门”胯的转换训练，一左一右为1次，共做20次。

　　2.基本功“手臂折叠”，20次为1组，共做3组。

　　3.“肘底锤”动作训练20次。

　　4.已学式子连起来打8遍。

训练要求

以“节节分家和节节贯穿”为训练准则，以训练关节为主，必须具备主动、被动和不动的意识。在训练过程中就要把手的主动、小臂被动、大臂不动都反映出来，上下肢体的转动要用“胯”去连接。

训练问诊

　　1.什么是掤劲，当遇到力大的对手，是先掤住再化还是直接化劲？

　　答：“节节分家与节节贯穿”是太极拳的特点，说白了，就是拆开重组肢体结构。我认为“掤”其实应该写成“棚”。掤不应该是劲，应该是肢体的框架结构，在这个框架结构的基础上所产生的各方向拮抗力，被称为掤、捋、挤、按、采、挒、肘、靠八个劲别。所以，遇到的对手不论力大力小，框架不能没有，自己的肢体结构不能变形，肢体结构不变形就是掤。敌方来力先与之掤住以制造平衡，接下来就设法破坏平衡，这就是化的过程。

　　但在实战中，敌方来力的大小、速度、方向不同，均需临场的随机应变。只有一点可以确认，双方必须有接触，至于接触时力大力小，是掤，是引，还是掤中带化，这些均需在双方肢体有接触的情况下应变。在训练中必须先掤住敌方来力，在此基础上展开一切技术性的变化。当然，

真传课堂

掤劲运用

这只是一横一竖的基础训练过程，等以后熟能生巧，掤可以在接手的过程中随时完成，搭手就直接引化了。千万不要在技术不熟练的情况下就盲目追求引进落空，这会对技术的掌握与提高造成负面影响。

我们都知道，三角形是最牢固的结构，所以我们的肢体结构也是按三节进化的。掤住的着力点可分为三处：膝、股骨、肘。这个三角的力量互相贯穿，别人就不容易推动你了。

2. 何为"大三节"？怎样做到"节节分家与节节贯穿"？

答：我听到、看到一些太极拳习练者，练太极拳伤了膝盖及腰椎，我就一直思考，太极拳这门具有健身与技击双重功效的传统武术，是不应该产生这种副作用的，一定是有训练方法的误区，我得去找到它，改进它。直到2010年，我与国家体育总局体育科学研究所的专家们一起拍摄了太极拳揭秘节目《最高境界格斗术》，用当时世界上最先进的科学仪器，测试各种拳种的运动特性后，终于找到病因所在。通过近6年的教学实践，我正式对外提倡肢体结构运动"大三节"理论，并渐渐形成独特的太极拳训练体系，其最大的特点就是强调太极拳架中肢体的上下折叠，而非左右摇晃。

手上三节与腿上三节，我称为"小三节"。小三节是为各部位的"弓"服务的，如腿弓、手弓、身弓。大三节是：胯以下到脚为一节，胯以上到肘为一节，肘到手指为一节。大三节是为整个肢体结构运动的拆分与组合服务的。大、小三节构成了肢体的分家与贯穿，通过内在的劲力把全身各部整合起来。所以练拳必须有开合，之后分家与贯穿也就明白了。

3. 大臂与小臂的夹角成多少度，打击力和承受力最强？

答：理论上是 135°。110° 到 135° 是小臂力量的最佳作用范围，当小于 110° 的时候，小臂力量就变小了，这个时候就要顶肘，顶肘的目的就是要发挥大臂的力量。然而，这个角度不是我决定的，是在实战中敌我双方决定的。所以实战中要有手、小臂、大臂的贯穿意识，这里力量小了，就换另一种方式。

4. 拳架训练中，大腿与小腿弯曲的夹角多少度合适？

答：大于 90° 小于 180°。太极拳拳架训练中腿没有完全伸直的，即使形直了，内在劲力的意也是弧线的。腿上的功力训练是个"拉"的过程，想象着你的大小腿是折尺，膝盖是折尺的固定点，这个折尺是"生锈"的，不灵活的，要用点力蹲下去，用点力站起来，脚、膝、胯要相互产生一种内在的阻力。这样的意识融在拳架训练中，是为了膝关节的固定不摇晃，而膝关节的固定是脚上拮抗力（争力）的基础。

5. 什么是公转，什么是自转？

答：简单而言，以关节为圆心的运转叫公转。比如说，大臂不动，以肘关节为圆心，小臂画一个圈，或者以髋关节为圆心转动上半身，以肩关节为圆心转动大小臂等，都为公转。肢体中非关节的转动称为自转，比如小臂的尺骨、桡骨转动，小腿的胫骨、腓骨转动，包括手指的顺逆缠，都是自转。在行拳走架过程中，公转与自转是并存的。

真传课堂

公转与自转

6. 分家与贯穿在拳架中如何体现？

答：太极拳是一个刚柔相济的拳术，节节贯穿的目的是达成整体的刚度，节节分家的目的是训练关节灵活、运动范围及关节力矩，是速度与内合力的基础。在贯穿中分家，就是刚柔相济。分家不是松懈，松懈就不存在贯穿，分家必须建立在贯穿的基础上，动作中必须要有主动、被动与不动的意识。

7. 什么是"拙力"，太极拳为什么要求去除"拙力"？

答：所谓"拙力"通常有三个含义：一是完全靠肌肉收缩的力量发力；二是发力过程中整个身体像一块"门板"，力量是单一的；三是肢体结构没有"分家"而构不成攻防的力量分配体系。在人的本能行为习惯中，受到侵犯时会使出全部力量去抵抗。如果一味地进攻或一味地防守（我指的是内在力量的分配上，不是指招式上），就容易把痹点暴露出来。自身没有形成一个攻与防的力量分配体系，这种练武可以说是失败的。太极拳的发力特点是多点多方向的，发力时肌肉不是收缩而是放长的，发力瞬间各肢体结构在拮抗力（争力）的作用下，产生多点多方向的"至刚"框架与内在劲力，时而贯穿时而分家以求攻防兼备的技艺。一部分力量保留在体内是防守用的，一部分力量是攻击用的，这样的攻防力量分配体系才是练武的核心目的。

要达到自身力量的攻防分配，就必须基于肢体结构的"节节分家"，"分家"就是太极拳的松。一切训练中的"拉紧"都是为了"分家"，飘逸无力的放松是永远去除不了"拙力"的。

用"拙力"去格斗时，靠全身肌肉的收缩，尽力去打击某一个点，这种方式对体能的消耗是很大的。太极拳训练去除"拙力"，就是为了增强对抗的同时又保存体能。

我的手是打出去了，但肢体框架不会跟过去，因为我的肢体结构是用来保持平衡的，能保持平衡就做到了防守。用这样的方式对抗，既有打击也有防守，力量上使用了骨架的传力、扭力和拮抗力组合而成的"复合力"，不仅大大减少了体能的消耗，也为技法的转换提供了可持续性。这也是太极拳四两拨千斤的道理之一。

8. 在实战时是否可以按训练的拳架去使用？

答：首先回答是当然可以。但从细节上讲，拳架与实用是个矛盾体。有句话叫"看山是山，看山不是山，看山还是山"，要想自然、放松、回归本能，肯定得从非本能的训练中来。"看山不是山"，目的就是达到"看山还是山"的境界。

以卷腕为例，为了肩臂合一，要求锁住肩关节，但这仅是一个训练过程，是为了以后放松状态下能瞬间一个意念就达到肩臂合一。再比如训练拳架时要保持"黄金三角"，但在使用的时候并不是一直保持"黄金三角"不变与人进行对抗或格斗。对抗时肢体是回归本能的，是放松的，但因为经过了固化训练，在你需要"黄金三角"时只需一个意念就瞬间达成了。

所以，拳架是训练的手段，实用是建立在平时训练基础上的放松与技术意念，它们既是一回事又是两回事。拳架训练是为了熟练招式技法，培养功力和使用记忆，但在实用上只在一个"哼哈"之间罢了。

脚上的功夫胯上练

　　"脚"是武术之根本，立地生根是所有习武者的追求。如果说"脑"是施展武术的指挥者，那么"脚"就是武器库，"手"是武技的实施者，要提高武术技艺，三者缺一不可。

肘胯同屈同伸

脚是练武最重要的部位，是武力的发源地，也是构成身弓的三个重点之一（另两个点是胯和肘）。"脚上的功夫胯上练"的训练载体是"肘胯同屈同伸"，武术的外在形式无非就是肢体的折叠与旋转。因为经过"胯"的训练，已经把肢体横向旋转的骨扭力整合起来了，本章我们就借用对脚的训练，把肢体的上下折叠整合起来。

基本功：同屈同伸

1.上肢保持"黄金三角"，脊椎挺直，尾闾微泛，命门内收，含胸拔背，头往上领，目光平视。

2.两脚脚趾抓地，带动小腿双逆缠里合，两髋外撑，两膝定位，用双脚的内在劲力把整个身子拉下去，使两髋关节与两膝关节被迫折叠。同时，两小臂沉肘提腕，身体上拔，肘腕劲力与双脚下拉劲力形成抗力。随之，身体略左转，盆骨微微右移，形成肘胯同屈状。这一次屈膝是以脚为主，手为抗。

3.接上式，劲从两肘经小臂传送至两腕，由内折腕下按转为外折腕，按下去的同时把两髋关节与两膝关节被动拉直，而双脚逆缠里合，似乎不情愿髋关节与膝关节被拉直，与两手下按形成抗力。随之，身体略右转，盆骨微微左移，形成肘胯同伸状。这一次伸直是以手为主，脚为抗。

要点

两小腿尽量不要前后左右晃动，意在脚膝拮抗力（二争力）上。另外，因训练不当已经产生膝盖疼痛的太极拳爱好者们，用此训练方法不仅可以得到脚上功力，还能恢复膝伤。

作用

"脚"是武术之根本，立地生根是所有习武者的追求。如果说"脑"是施展武术的指挥者，那么"脚"就是武器库，

"手"是武技的实施者，要提高武术技艺，三者缺一不可。

"脚"的训练对健身养生有哪些好处呢？从腿脚上来讲，传统中医有六条经络，脾经、胃经、肝经、胆经、肾经、膀胱经，都从腿脚上经过。腿脚上有很多重要的穴位，对于调理内脏具有关键的针灸临床意义。我们通过大小腿的顺缠、逆缠、折叠、对拉训练，不仅使脚有了"根"，还拉伸了腿脚上的六条经络，有助于改善现代生活造成的很多亚健康问题。

招式训练

在本书前文中，我们分别以"黄金三角"、胯的转换、"主动、被动、不动"为训练目标，其实已经达到了锻炼身体的目的，颈椎与腰椎上的病痛，通过这三步训练已经可以得到缓解与恢复了。太极拳毕竟是一门武术，做到"立地生根"才是武术的门槛与武力的源头。"脚上的功夫胯上练"的逻辑，是因为有了"胯的独立旋转"，就不会影响"小腿与脚的固定"，小腿与脚的任务就是踏实地面，不受身体左右转动的影响。所以要求"盆骨在髋关节上转换"，牵动大腿被动，只因为有了大腿的被动，才能确保"小腿与脚的不动"，从而使之专注于"立地生根"。

第十七式　倒卷肱

第十七式"倒卷肱"动作略复杂，为了容易掌握，可

倒卷肱

分解为 6 个动作来完成教学。

17-1 （接上式）右脚逆缠，带动右胯下沉，同时左手顺
缠走一个小圈。随之，左脚脚趾逆缠内扣走弧线后
撤一步，同时右手沉肘提腕，在胸前与左臂交叉，
接着两手逆缠，右手向前左手向后同步掤出。右手
在右膝上方，左手置于左腿外侧，重心偏于左腿，
目视前方。

要点

走小圈时要注意手上的"主动、被动、不动"。左脚内扣走弧线后撤时，右腿须松胯下沉与之配合，两手与左脚同步到位。

实战法

敌方右拳向我打来，我用左手从外侧接手下捋，同时右掌拍击敌方面部。属于捋挒之劲。

17—2 松沉左髋，盆骨右转带动身体左转。同时，两手逆缠外开走上弧线至与肩同高，右脚尖内摆45°踏实。随之松沉右髋，盆骨左转掤左膝，带动身体右转，同时两手变顺缠走弧线合于胸前一线，右手在前左手在后，重心偏左，目视前方。

要点

两手逆缠外开走上弧线，是被沉肘"翘"起来的，肘与手劲力呼应，两手相合时要有前后相搓之意。

实战法

左右合劲，常用于断臂手法。如果说"三换掌"是正面还击，"倒卷肱"则是后退中还击。敌方左拳向我打来，我用左手在敌臂内侧接手，同时右手拍击敌肘部，伤敌肘关节。属于掤捋开合之劲。

关键

肘胯同屈同伸。

倒卷肱技击法

17—3 左胯下沉，右脚脚尖内扣走弧线后撤一步，同时两手在胸前交叉，左手在右臂上方逆缠，向前在左膝上方弧线掤出，右手在左肘下方逆缠，向左弧线按至右腿外侧。重心偏右，目视前方。

1

2

要点

右脚内扣弧线后撤，要与松左胯配合，两脚须有一上一下的劲力呼应，右脚勾拉之劲源自左脚的逆缠劲力。

实战法

敌出右拳攻击，我用右手从敌臂外侧接手下捋，同时左掌与敌迎面"对撞"。也可以使用别脚摔法，我用右脚勾住敌右脚后跟拉至左脚边，身体一沉或右腿一跪使敌倒于地上。属于捋捌开合之劲。

17—4 松沉右髋，重心移于右腿，身向右转。同时，两手逆缠外开走上弧线至与肩同高，左脚尖同步内摆45°踏实。随之松沉左髋，盆骨右转掤右膝，带动身体左转，同时两手变顺缠走弧线合于胸前一线，左手在前右手在后，重心偏右，目视前方。

关键

肘胯同屈同伸。

要点

　　两手逆缠外开走上弧线，是被沉肘"翘"起来的，肘与手劲力呼应，两手相合时有前后相搓之意。

实战法

　　除了断臂法，此招也可用于打击。敌方右拳向我打来，我用右手在敌臂外侧接手，撤步后捋，同时左手放于敌脑后，右手瞬间用捯劲掌击敌下颌。死招慎用。属于捋捯之劲。

17—5 右脚踏实松胯下沉，左脚脚趾逆缠内扣，走弧线后撤一步。同时，右手沉肘提腕在胸前与左臂交叉，随后逆缠在右膝上方掤出；左手同步逆缠，向右经右肘下方弧线按至左腿外侧。重心偏左，目视前方。

要点

左脚内扣弧线后撤时,右腿须松胯下沉与之配合,两手与左脚同步到位。

实战法

此招也可用于解脱中反击。敌方右手抓住我前胸衣服不放,我用左手在敌大臂上逆缠弧线下压,右手在敌小臂下方逆缠弧线上滚,两手一个合力,在解脱的同时用手掌击敌面门。属于缠丝挒劲。

17-6 松沉左髋,重心移于左腿,身向左转。同时,两手逆缠外开走上弧线至与肩同高,右脚尖同步内摆45°踏实。随之松右髋,盆骨左转拥左膝,带动身体右转,同时两手变顺缠走弧线合于胸前一线,右手在前左手在后,重心在左,目视前方。

要点

两手与两脚劲力呼应，用右脚的逆缠劲力拉动盆骨左转。

实战法

两手相合在武术上基本都是擒拿或合力手法，不再一一例举。

点拨提高

√ "倒卷肱"是太极拳中唯一在撤退中还击的招法，不仅在格斗上是非常凶狠实用的招法，在健身层面也大有益处。

√ 脚尖里扣后撤一步时，既可以说是脚尖画弧也可以说是三角步。退步时要勾脚尖，去勾的一只脚只是工具，实际是另一只脚用的劲把对方勾过来的。

√ 发力方面，既可以训练手掌向前发力，又可以训练肘尖往后发力。

错误纠正

● 沉肘的时候，前脚尖要里扣，与后脚尖平行。注意别忘了。

● 两手合在胸前，想象是敌方的手打过来的高度，不能太低。

训练功课

1. 基本功"手臂折叠"，20 次为 1 组，共做 4 组。

2. 基本功"肘胯同屈同伸"，左右为 1 次，20 次为 1 组，共做 4 组。

3. "倒卷肱"动作训练 20 次。

4. 已学式子连起来打 6 遍。

第十八式　退步压肘

退步压肘

第十八式"退步压肘"，可分解为 3 个动作来完成教学。

18－1（接上式）松左胯下沉，同时两手沉肘提腕，向右前方走一个小圈。随后右手顺缠走下弧线与左小臂相合，同时左手逆缠里折腕，带动小臂外掤与右手相合。右脚随右手走下弧线时同步后撤，点于左脚旁，重心在右，目视前方。

1

2

俯视图

要点

左脚趾逆缠的劲力拉动了右脚的后撤，右脚后撤时要有脚趾抠地的意识，左小臂与右手要有相合的意识。

实战法

敌方一拳打来，我两手接敌臂，顺势一个下采使敌失去重心的瞬间，右手抱敌头颈一侧，左手变横肘击打敌头部另一侧。也可用于擒拿，我右手从敌臂外侧接手下捋，同时用左肘下压敌肘部制服敌方。属于捋捌采靠之劲。

关键
肘胯同屈同伸。

18—2 左手在胸前沉肘提腕，由里折腕变为外折腕，同时逆缠前掤；右手变爪走弧线至右胸前，同时右脚弧线后撤一步震脚，重心偏右，目视前方。

背   正

要点

左手前掤、右手回抓、撤步震脚同步完成，两手两脚劲力相合。

实战法

敌方一拳打来，我用右手从敌臂外侧接手，回拉的同时左掌打击敌方右侧面部。也可用于解脱，若敌方抓住我左手，我用右手抓住敌方手腕后拉，左手打敌腋下。属于通臂之劲。

退步压肘技击法一

18—3 松沉右胯挪右膝，身体随之左转。左手逆缠回收，中指尖点于右胸前，手心朝外；同时右爪变拳，向右侧后方撩出，重心偏右，两脚踏实，目视右后方。

背　正

要点

两手收进打出时要锁肩顶肘，身向左转，拳往右打，形成左右对拉。通臂劲要到位，两脚要往地下插。

实战法

常用的手上技法，用撩击破坏敌人的视线。也可作为连击法，右手抓住敌方右手，用左手打击敌右胁，随即转为左手抓住敌方右臂，用右拳击打敌面部或颈部。属于通臂弹抖之劲。

退步压肘技击法二

训练功课

　　1.基本功"手臂折叠"，20次为1组，共做4组。

　　2.基本功"肘胯同屈同伸"，左右为1次，20次为1组，共做4组。

　　3."退步压肘"动作训练20次。

　　4.已学式子连起来打6遍。

中盘

第十九式　中盘

　　第十九式"中盘"，是在太极拳法中典型的捋挒之劲的组合招式，可分解为2个动作来完成教学。

19—1（接上式）松沉右髋，盆骨左转掤两膝，同时右拳逆缠打开变爪，向前走下弧线至小腹前；随之左手指尖顺缠里合变爪，向左走下弧线至左膝前方。两脚逆缠里合，重心六成在右，目视左前方。

要点

松沉右髋转换重心时，右膝与右脚尖要有相合之意，右膝不能因重心的左移而随之移动。两膝前掤要有被脚拉下去的意识。

实战法

这是一个向下采捋的动作，两手抓住敌方手臂一个采劲，使敌方跌倒或受伤。属于采捋之劲。

19—2 身体继续下沉，两手同步逆缠回抓经过腹前，向里折腕成拳，同时掤提右膝，双拳向左前方弧线掤出，目视前方。

要点

两手前掤与右腿掤提同步完成，左右脚要有上下对拉之意，大小臂要有前后对拉之意。

中盘技击法

实战法

　　敌方一拳打来，我用双手在敌方手臂外侧接手，抓住敌臂向右后捋，突然松手，用捌劲向敌方面部击打，同时提膝撞击敌腹部。

点拨提高

∨　太极拳的捋和捌如何区分？简单来讲，往下走半个圆是捋，往上走半个圆是捌，捋捌两个劲是一个完整的圆圈。捋是化，捌是打。中盘是典型的捋、捌技法组合运用，就是化打合一。

∨　太极拳往往是在防守中反击，发力线路一定是弧线的，没有直线的。尺骨、桡骨的运转，其实就是化与打的结合，是一种整合的打击。

错误纠正

●　捋的时候要注意大臂不能动，在捋、捌的过程中不要忘了手臂的自转，向前打出时不要用大臂推小臂走直线，而是小臂滚动出去，两手要往里卷。打出的拳既有拳与肘内卷的力，又有尺骨桡骨滚动的力和拳头前搠的力，这就形成了一个复合力。

训练功课

　　1.基本功"手臂折叠"，20 次为 1 组，共做 4 组。

　　2.基本功"肘胯同屈同伸"，左右为 1 次，20 次为 1 组，共做 4 组。

　　3."中盘"动作训练 20 次。

　　4.已学式子连起来打 6 遍。

第二十式　指裆锤

第二十式"指裆锤"，可分解为 8 个动作来完成教学。

20—1 在"中盘"定势基础上，松左胯下沉，右脚尖向右外摆90°震脚落地。同时，左拳逆缠下插至小腹前，右拳逆缠变掌虎口压于左腕之上。随之掤提左脚向左横开一步，松沉右髋，盆骨左转掤左膝，带动身体微右转。同时，左脚跟落地内扣里合，两脚逆缠踏实，重心偏左，目视左方。

指裆锤

关键
两脚逆缠踏实，肘胯同屈同伸。

背　正

要点

震脚与两手相抱、两臂外掤相呼应，形成一种开中有合的劲力。

实战法

抱拳下插用于技击，可以理解为一手从外向里，一手从里向外的合力打击。也是一种下采手法，若敌双掌推我胸部或抓住我一臂、两臂时，均可用下采法破之。属于采捌之劲。

20—2 松沉左髋，盆骨右转掤两膝，带动身体微左转。同时，两手逆缠提腕变拳，再顺缠外开向左右两侧弹抖。重心偏右，目视左前方。

关键

两脚逆缠踏实，肘胯同屈同伸。

指裆锤技击法一

要点

两脚逆缠拉动转胯，配合两手腕走圈，迅速向身体两侧发力。这里既有两脚下拉之力、盆骨右转的扭力，又有尺骨桡骨的滚动力和大小臂的拮抗力（二争力），四股劲力瞬间构成复合之劲。

实战法

此招是太极弹抖劲的训练方式，在技击上多用于解脱与近距离打击。

20—3 松沉右髋，盆骨左转掤左膝，带动身体右转。同时，两拳逆缠上卷里合，在腹前相交下插，掤提右脚外摆 180° 震脚落地，目视右前方。

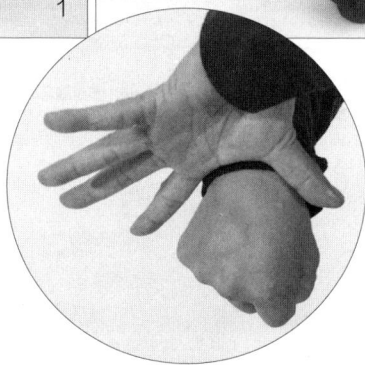

要点

松胯下沉与两拳上卷，震脚与下插，均要有上下对拔意识。

实战法

採法。若敌方一拳向我打来，我用右手接手，左臂放敌臂上方，同时右脚外摆，两手合力下採，使敌跌倒。属

关键
肘胯同屈同伸。

于採挒之劲。

20—4 松沉右胯，掤提左脚向左横开一步，脚跟落地内扣
里合踏实，两脚尖平行。随之松右髋，盆骨左转掤
左膝，重心偏左，目视正前方。

要点

重心左移后，两膝掤住，两脚有插入地下之意。

实战法

靠法。若敌一拳打来，我用双手接手下捋，同时进步
肩靠或肘靠。属于掤捋挤靠之劲。

20—5 松沉左髋，盆骨右转，身体微向左转。同时，两手
逆缠提腕变拳，再顺缠外开向左右两侧弹抖。重心
偏右，目视左前方。

要点

锁肩顶肘，两膝掤住，两拳带动尺骨桡骨发力，两脚逆缠拉动转胯，力从脚生。

实战法

敌抓住我一臂或两臂，我一个弹抖解脱转为攻击；也可用于下采与近距离打击。属于弹抖冷劲。

20—6 松沉右髋，盆骨左转掤左膝，带动身体随之右转。同时，两拳逆缠沉肘提腕弧线回收至胸前，重心偏左，目视左前方。

关键
肘胯同屈同伸。

要点

　　重心落于左脚时，用力掤住双膝，左膝在前右膝在后，左膝低于右膝。两脚逆缠插地，与两手上提成对拉之势。

实战法

　　主要训练上下、左右、前后之合劲。

20—7 松沉左髋，盆骨右移转右膝，带动身体随之左转。同时，两拳顺缠走上弧线向前方掤出，重心偏右，目视前方。

要点

两脚有插地之意，与两手前掤劲力呼应，固定关节更固定。

实战法

敌方一拳向我打来，我用双手接住敌方手臂下捋，瞬间用捌劲"撞击"敌方头部。属于捋捌之劲。

20—8 松沉右髋，盆骨左转掤左膝，身体随之右转。同时，双拳顺缠走下弧线，左拳拳面贴于腹前。随之，松沉左髋，盆骨右转掤右膝，带动身体随之左转。同时，右拳变逆缠向前下方掤出，重心六成在右，目视前方。

要点

两拳顺缠走下弧时，要注意"黄金三角"保持不变，右拳沉肘卷腕逆缠向前下方打出。

指裆锤技击法二

关键

在上下折叠中要有"肘等于是胯，胯等于是肘"的意识。

实战法

敌方抓住我双肩或手臂时，我左手在敌手臂上方弧线后捋，同时右拳沉肘逆缠卷腕，弧线击打敌方胸腹部，打击方式要有"对撞"之意。属于掤捋採捌之劲。

点拨提高

∨ 整个动作都要把意念放在两脚上，身上的动作变化与劲力变化，均来自两脚的合劲，也就是俗称的"裆劲"。

错误纠正

● 动作不能僵硬或松散，切忌上动下不动、下动上不动。肘胯同屈同伸的训练目的就是把上下肢体串起来。如果你的拳架左右晃动，那么你的上下肢体劲力就没有接通，或者有"拙力"存在。

训练功课

　　1. 基本功"手臂折叠"，20 次为 1 组，共做 4 组。

　　2. 基本功"肘胯同屈同伸"，左右为 1 次，20 次为 1 组，共做 4 组。

　　3. "指裆锤"动作训练 20 次。

　　4. 已学式子连起来打 6 遍。

第二十一式　双震脚

　　第二十一式"双震脚"，可分解为 4 个动作来完成教学。

双震脚

21—1（接上式）松沉右髋，盆骨左转掤左膝，身体随之右转。同时，右拳逆缠沉肘提腕至胸前，左手逆缠下插至左腿后侧。重心偏左，目视右前方。

要点

"黄金三角"不变，锁肩顶肘，两膝捆住，两拳逆缠带动尺骨桡骨旋转。

实战法

若敌从左前方向我打击，我用右手从敌方手臂内侧接手回拉，同时左手逆缠打击敌方肝肋部。属于捋捯通臂之劲。

21—2 松左胯下沉，同时身向右转。随之，左拳顺缠走上弧线里合至胸前，拳心朝里，同时捆提右脚，右拳顺缠翻腕弧线下压在右大腿外侧，目视前方。

关键

右脚逆缠拉动盆骨左转，肘胯同屈。

关键

左脚逆缠拉动左胯下沉，肘胯同屈同伸。

要点

右脚捆提与左脚有对拉意识。左拳上提与右拳下压，要有开中有合的意识。

实战法

若敌方抓住我双臂，我用右手下压敌方左臂，左手上挑敌方右臂，使敌方失去平衡前扑，同时提右膝撞击敌方左肋或头部。属于掤捋採挒之劲。

双震脚技击法一

21—3 松沉左胯，右脚落地点于前方。随之，两拳顺缠变掌走外弧线至胸前托起，右手在前左手在后，目视前方。

要点

要注意手上的主动、被动与不动，右脚"虚脚不虚"。

实战法

若敌方抓住我手臂或前胸，我用两手顺缠合抱敌手臂沉肘上掤，伤敌肘关节。属于掤捋之劲。

关键

肘胯同屈同伸。

21—4 两手逆缠翻掌下按，随后沉肘提腕把右脚带起离
地。接着左脚蹬地起跳落地，右脚也随之落地。同
时，两手翻腕下采，右手在前左手在后，重心落于
左腿，目视前方。

要点

两脚落地时，左脚先落为重，右脚后落为轻。

实战法

采劲。两手抓住敌臂，与震脚合力，下采伤敌肩颈。属于采挒之劲。

双震脚技击法二

点拨提高

∨　本书中拳架"海底翻花"动作已融入"双震脚"之中。转身同时掤提右脚，左拳上挑里合，右拳折叠回收下压，这个动作就是"海底翻花"。做这个动作上下肢体要对拉合住，两肘外顶，两拳内卷，动作不能散。两拳变掌外分，在胸前抱合托起时，十指要有"搓"的味道。

∨　提腕时把左脚带跳起来，下采时把全身压下去，全身是一个整体，只是在此过程中右脚一直为虚，落地震脚左重右轻，并有落地先后之分。

错误纠正

●　这个动作易犯的错误是，只注意了手上动作，导致手上动作与下肢脱节，劲力不贯穿。两臂上下、两手合抱不可仅用两臂的力量。

●　两手上提与起跳须在同一节奏中，两脚落地不可不分轻重先后。

训练功课

1.基本功"手臂折叠"，20次为1组，共做4组。

2.基本功"肘胯同屈同伸"，左右为1次，20次为1组，共做4组。

3."双震脚"动作训练20次。

4.已学式子连起来打4遍。

第二十二式　玉女穿梭

"玉女穿梭"是这个章节的最后一式，可分解为 3 个动作来完成教学。

22—1（接上式）松沉左胯，掤提右脚。同时左手逆缠翻掌，中指点于右肩窝，右手同步逆缠向前方横掌掤出，目视正前方。

关键

左脚逆缠踏实，肘胯同屈同伸。

名词

震肘：瞬间的肘关节固定，目的是为了产生手臂掎抗力。

要点

左胯下沉与两手逆缠对拉同步完成，上下对拉之劲与前后对拉之劲瞬间合一，震肘发出。

实战法

敌方右拳向我打来，我身体后仰躲避，用左手在敌臂上侧接手下按阻挡，同时用右掌击打敌面部或颈部，或提膝撞击敌方胸腹部。属于将捌之劲。

22—2 右腿落于身前一步处，同时掤提左脚向前跃出一步，左手随之向前掤出，右手同步顺缠走下弧线置于身后，目视前方。

要点

左脚跃出时震脚落地"刹车"，用地面反作用力配合左手震肘掤出。

实战法

连击技法。若敌方一拳打来，我用左手拦截，右手反击，若敌方后撤避过，我进步用左掌进行二次打击。属于捌劲。

22—3 以左脚为轴向右后跳跃180°，同时双手顺缠走下弧线相合于胸前，左手成侧掌在右手小臂内侧之上；右手指尖向前，手心向上。身体随动作微左转，重心偏右，目视左前方。

关键

左脚急刹车。

玉女穿梭技击法

要点

两脚落地时，双脚逆缠合住；两手相合时，肘往下沉、头往上领。

实战法

敌从后方向我攻击，我转身的同时用右手抓住敌方的攻击手，并用左手打击敌肘关节，或用左脚蹬踩敌小腿胫骨。属于捋捌之劲。

点拨提高

∨ "玉女穿梭"招式本意是在被敌四面围困中向前突围，正好与"倒卷肱"相反，"倒卷肱"是三面被围的撤退招法，所以这一招"玉女穿梭"要体现出一股向前的冲击力。

∨ 右脚落地与左脚前跃要一气呵成，左脚落地急停与左手推出要同步并劲力贯穿，180°转身在空中完成，两脚同步落地踏实。

错误纠正

● 右掌前推时，容易犯用转身的力量去推的错误，没有使用肢体结构的力量，导致脚上"刹不住车"，使动作变形。

● 因肢体劲力没有合住，也容易使空中转身落地时站立不稳。

训练功课

　　1. 基本功"手臂折叠"，20 次为 1 组，共做 4 组。

　　2. 基本功"肘胯同屈同伸"，左右为 1 次，20 次为 1 组，共做 4 组。

　　3. "玉女穿梭"招式动作训练 20 次。

　　4. 已学式子连起来打 6 遍。

训练要求
重点突破"肘胯同屈同伸"，也就是肢体的上下串联与同步协调，这一目的必须要明确。

训练问诊

1. 上身应该是脚下用力拽下去的，而不是坐下去的，可是总感觉骨架支着，上身拽不下去（底盘太高）。是胯没松，还是脚下力量不够大？

答：这是内在劲力走向的问题，一般有两种情况：一是两脚和两小腿逆缠的合劲不够；二是力量没有完全到小腿上去，大腿的肌肉跟小腿一样紧张，导致髋关节的折叠旋转受阻。说白了，还是大小腿没有分家。当胯的转换轻灵时，当你做到"骨架是车辆，肌肉是乘客"时，劲力就已经入骨，就可以去除"拙力"了。

脚用不上力的原因还是在于"拙力"，解决这个问题就要有意识地放松大腿肌肉，让小腿肌肉保持紧张，加强两脚的合劲和肘胯同屈同伸的训练。

2. 膝定位是不是只要保证膝盖不左右晃，膝是可以沿着脚尖方向向前或向后动的吗?

答：膝关节是固定关节，只能单方向往下折叠，不能往上、往左、往右折叠。如果我们在运动中不遵守它的运动规则，而去左右晃动它，长期下来膝盖就会受伤。至于能不能向前或向后运动，当然可以。

膝盖固定的力量是内在的力量，是脚的逆缠劲力拉下去的力量，把固定膝关节称为"掤膝"，就是这个意思，除了拉下去的力量也要有脚往下插地的意识。膝关节在运动中，一方面与踝关节产生一种阻力，另一方面与髋关节产生一种阻力，只要有这两股拮抗力的存在，就做到了掤膝。

3. "肘胯同屈同伸"是指在时间上的同步，还是肘与胯的屈伸角度相同?

答：在训练时，肘胯同屈的时间与角度都是一样的。在使用上，可以时间、意识相同，而不要求角度一样。其主要目的是训练躯干力量与手臂力量合一，再输送到手上去，也就是节节贯穿的劲力融合涌动训练。肘胯同步，就是要让"胯以下到腿、胯以上到肘、肘到手"这三节的力量贯穿在一起。

4. 如何找到脚上缠丝的感觉，有何具体方法?

答：脚上的缠丝其实就是大、小腿在运动中的反向旋转，如同拧毛巾。大、小腿在运动中要反向旋转，就必须建立在膝固定的基础上，两脚要有插到地下去的意识。膝固定后，大拇趾向内、脚跟向外贴地用劲，带动腓骨胫骨与胯的转换成反方向扭动，同时小腿像锥子一样向地下钻，落地生根，大腿则随胯的转换方向被动旋转。不要以为一条腿顺缠、一条腿逆缠就是脚上缠丝，脚上缠丝是指同一条腿上的大腿顺缠与小腿逆缠。大、小腿的缠丝要点不在大、小腿上，而是在膝关节这个连接点上。脚上缠丝的训练目的是大小腿分家，达到不论上肢如何变化均可做到力从脚起。

5. 同屈同伸的练习怎样才能算合格？

答：人体可分为大三节，胯以下、胯到肘、肘到手。同屈同伸的训练目的，就是要通过肘、胯两个连接点把三节连接起来，最终达到劲力的涌动贯穿。

我不喜欢说两脚抓地，因为"抓"是往上的意思，使人想到脚心是空的。我不赞成脚心空，而是要与地面合住，脚趾双逆缠里合，脚跟的外侧既有踏实又有外撑的意思，脚的前后掌有扭合的意识，加上两髋的内撑就形成了裆劲，也就是下肢的合劲。脚底生根，主要是练一个合劲，意念中把两脚插进地下去，通过脚的合力把膝、髋两关节拉下来进行折叠。

6. 小腿与膝盖内撑外包的训练中，感觉到胯骨有疼痛感，对吗？

答：腿上的内撑外包，是指从髋关节到脚的一种开中有合、合中有开的内在意识状态，也是髋、膝、脚三者的"矛盾"反映。如同一条绳子，看着是拉直的，但是不够紧，在绳子中间搭上一条被子，这根绳子才是真的紧了。所以在练拳过程中，把两腿看成一根晾衣绳，两个相邻关节对拉拔长，只有紧才能传力，所以内撑外包是为了更紧。

"胯骨"有疼痛感是正常的，说明你的"髋与盆骨"产生矛盾了，导致两个髋之间在拉紧，达到了"紧胯"的训练要求。这种髋关节骨缝中的微疼将会持续半年，凡是训练中遇到锁骨、肩关节、肘关节内侧、腕关节外侧、大腿内侧髋关节疼痛，这些都是好事，恭喜你练到点上了，这些疼痛是训练中的必经过程。

7. 练习拳架时，脚趾抓地，小腿与膝盖内撑外包时，上半身不灵活了对吗？

答：从问的内容上看，你在做内撑外包时并没有"内撑"，而是把两个髋关节锁死了。腿上的"内撑"在于撑开两个髋关节，所谓"裆圆"就是指这个"内撑"，其目的一是为了两腿的劲力相通，二是为"胯的转动"提供运动间隙，发挥灵活关节的作用。为什么传统武术那么重视"胯"，就是因为它是人体劲力的"离合器"。由于初练者大小腿还没有分家意识，导致髋关节与大腿肌肉僵硬，"离合器"卡住了，上肢也就不灵活了。所以，需要训练肘胯同屈同伸，以强化上下与左右的折叠与转动，促使大小腿的分家与"胯"的灵活。

8. 怎样做才能把基本功融到拳架里？

答：首先要把每个基本功的训练目的弄清楚，把基本功的要求运用到拳架里，自然就融进去了。基本功是为拳架服务的，在拳架里暂时做不到的，把它拉出来单独强化训练一下。

9. 怎样练活桩？

答：练活桩其实就是把肢体结构、运动力学和拳架要求相结合。在拳架套路中，让整条腿做到节节分家。动步时脚要轻灵、虚无，定步时要立地生根，要有两脚往地下插的一种感觉。这两种腿上的感觉必须要在拳架里才能得到训练。

在现实中，有些习练者过分地夸大了站桩在武术中的作用，内功功力、稳固下盘、力从脚起，并不是靠站桩臆想就能得到的，它需要在拳架变化中融入身法的虚实轻重。所以我建议习练者要多从行拳走架中去体会大小腿的分家，从而得到运动中的平衡。

手上的功夫脚上练

利用肢体结构的矛盾，使骨骼之间产生一种拮抗力（二争力）和扭力，其目的是实现肢体结构的最佳刚度和最大关节力矩。

顺逆缠

前几章对"肩、胯、臂、脚"进行了分段式训练，掌握了拳架的肢体训练规矩，最后一章的手与脚相合训练，是为了把前面的四个分段全部融合起来，目的是实现太极拳的"刚柔之劲"与复合力。肢体中的涨力，也就是拮抗力（二争力），是利用肢体结构的矛盾，使骨骼之间产生一种拮抗力和扭力，固定关节是涨力的节点，其目的是实现肢体结构的最佳刚度和最大关节力矩。在固定关节的定位下，相邻的骨骼逐个对拉拔长、螺旋，称之为"分家"；把腿上、胯上、臂上的三对拮抗力合一，称之为"贯穿"。这章要讲的"手上的功夫脚上练"，目的就是训练三对拮抗力的"分家"与"贯穿"。

名词

刚柔之劲：太极拳的"刚"是指肢体骨架结构的整体框架刚度，太极拳的"柔"是指肢体骨架结构中各关节折叠、旋转的活动范围。

基本功：顺逆缠

1. 上肢保持"黄金三角"，脊椎挺直，尾闾微泛，命门内收，含胸拔背，头往上领。两手掌在胸前两侧，一只手心朝里，一只手心朝外，手高于肘，目光平视。

2. 两脚脚趾双逆缠里合，带动两手顺逆缠，两脚掌用力内扣，两手掌一顺一逆交替旋转并用力前掤，二意相通。

关键

体会骨架传力，真正做到"骨架是车辆，肌肉是乘客"。

要点

大道至简，仅两脚掌、两手掌用力，从踝关节到腕关节其余肌肉全部放松。达到外在协调、内在均衡，两手两脚劲力切换，分家、贯穿于举手投足间。这就是太极拳中去"拙力"的训练方式。

作用

手脚是我们四肢的末端，也是肢体当中头部以外皮肉最薄弱的部分，手脚里面有骨头、皮肉、筋、血管、神经、淋巴和中医讲的经络、穴位，是非常精密和复杂的。中医有一个全息对应的理论，手上和脚上各有六根经脉，人身上的很多病，都可以在手或脚上施法治愈。

血管与神经不健康的人，他们的手掌往往呈现异样的红。脾胃消化功能不好的人，或肝胆不好的人，手掌往往呈现异样的黄。一旦我们把手上的末梢神经和血管练开练通，回血的经脉系统练好了，手上的颜色就会恢复正常，触感也更灵敏，同时也使我们的内脏更加健康。

招式训练

第二十三式 初收

初收

"手上的功夫脚上练"是对前面几章训练的总成，是全身的贯穿训练。第二十三式"初收"可分解为3个动作来完成教学。

23—1 （接上式）松沉右髋，盆骨左转掤左膝，身体随之右转。同时，两手双逆缠沉肘翻掌，外分变双顺缠，走下弧线外包里合于右腹前方。左手在前，右手在后，重心偏左，目视前方。

要点

两手顺逆缠要与十脚趾逆缠内扣的劲力呼应，两手的

关键

手与脚的劲力相通相合，意在手与脚上的拮抗力。从膝关节到腕关节，除两小腿肌肉因脚趾逆缠而被动紧张外，其余肌肉全部放松，但必须保持全身骨架结构的拮抗力。做到这一步有难度，必须建立在前面的训练内容熟练且不走形的基础上。

相合要与两腿的内撑外包相呼应。

实战法

沉肘翻掌是一个技法。两手顺缠抱合是一个擒拿断臂手法。属于掤捋挤捌之劲。

23—2 松沉左髋，盆骨右转掤右膝，身体随之左转。同时，两手逆缠翻掌在左腹前方按出。左手在前，右手在后，重心六成在右，目视前方。

初收技击法一

关键

手与脚的劲力相通相合，意在手与脚上的拮抗力。

要点

保持"黄金三角"，两手逆缠带动尺骨桡骨转动。

实战法

下採法，应用很多。属于掤捋採捌之劲。

23—3 左手顺缠右手逆缠，向左走个小圈后，沉肘提腕收至左腹前。同时把左脚带回，点于右脚旁。随之掤提左脚，两手同步向左膝前下插，目视左前方。

要点

沉肘提腕要有肘与指尖相合的意思；左脚收回要有被右脚逆缠拉回的意识；提膝下插，两手指尖有卷的意识。

实战法

敌右拳击来，我两手从敌内侧接手弧线下捋，同时提膝撞击敌右肋。若敌抱住我腰或二人扭在一起，我两手由外向内下采，同时提膝撞击，下采的目的是将敌方拉近"对撞"。属于采捋上下合劲。

初收技击法二

点拨提高

√ 在练拳的时候一定要记住，手与肘这两个部位是互动的，手进来一定要肘出去，不然就只是一个单向的力量了。

√ "初收"这个动作，可以作为练涨力的基本功。训练中左右的轻重转换要明显，手要有往外膨胀的一种劲，而不是屏住肌肉的僵劲。练习时把自己想象成一个充足气的橡皮人，太极拳练的就是一个涨力，哪怕只是膨胀了1厘米，

它是至刚的基础。就像冬天的自来水管，冰与水的体积只差一点，水管就能爆裂了。所以我们这小小的一点涨力，打在人体上是非常厉害的。另外，涨力还能提高抗击打能力，如果你长期在球体感的状态中训练，内脏在扩张中得到了锻炼，外面的筋骨皮也在膨胀。即便遇到敌方打过来，只要瞬间一膨胀，就有可能直接把人弹出去，抗击打能力就大大增加了。

错误纠正

● 练习中不要屏住肌肉，也不要丢了骨架结构，看上去像瘪了气的球。要在对拉拔长中折叠运转。

训练功课

    1.基本功"肘胯同屈同伸"，左右为 1 次，20次为 1 组，共做 4 组。

    2.基本功"顺逆缠"，20 次为 1 组，共做 4 组。

    3."初收"动作训练 20 次。

    4.已学式子连起来打 4 遍。

前蹚拗步

第二十四式　前蹚拗步

第二十四式"前蹚拗步"，可分解为 3 个动作来完成教学。

24—1（接上式）左脚落于右脚旁，右脚松胯下沉，左手逆缠右手顺缠，走弧线经过腹前，变左手顺缠右手逆缠，走上弧线交叉相合于胸前，右手在上，左手

在下。两手走上弧线的同时，左脚脚尖向右走一个
小圈，脚尖外摆 135° 向左侧跨出一步，脚跟着地，
膝与脚尖相合，重心落于右腿，目视前方。

要点

右脚趾逆缠内扣踏实，要有插地的意识。两手走上弧
线时要锁肩沉肘走小臂。

实战法

可用作擒拿、摔法。用于擒拿，敌方右拳向我打来，
我用左手在敌手臂内侧接手顺缠，同时右手在敌臂外侧逆
缠挫击敌方肘关节；用于摔法，若敌方右拳打来或抓我前
胸，我用左手在敌臂内侧抓住敌手腕顺逆外拧，同时右手
在敌大臂上方顺缠外压，摔敌于地。属于捋捌之劲。

24—2 松沉右髋，盆骨前移于左脚，落地踏实。两手在胸
前外掤，左手食指指向自己鼻子。掤提右脚向右前

方 45° 铲出一步，脚跟落地，目视前方。

要点

左脚落地两手前掤时，要有由后向前挤压的意识。掤提右脚要有左脚拉起的意识。

实战法

敌方一拳向我打来，我用两手在敌臂下方交叉接手并顺势抓住下捋，同时右脚踩蹬敌方膝盖。属于掤捋之劲。

24—3 松沉左髋，盆骨右转掤右膝，身体随之左转。同时，右脚逆缠内扣里合踏实，左手逆缠右手顺缠。随之，两掌走外弧线向左右外开掤出，目视右前方。

关键
手与脚的劲力相通相合，意在手与脚上的拮抗力。

正　　侧

要点

两脚踏实、两手外分时，要有相斥相吸之意。

实战法

敌方一拳打来，我两手交叉接手顺势一搓，左手抓住敌方手腕左将，同时右肘与敌胸部"对撞"，再用右掌切击敌颈动脉。属于将捋肘靠之劲。

前蹚拗步技击法

点拨提高

∨　在初收的定势状态基础上，手为主动，小臂为被动，沉右胯走上弧线两手相交于胸前，走上弧线的时候注意千万不要把大臂也提起来。

错误纠正

● 两手走上弧时，肩膀不要架起来，重心转换别忘了松沉髋关节，手上顺逆缠别忘了涨力与手肘互动。

训练功课

1. 基本功"肘胯同屈同伸"，左右为 1 次，20 次为 1 组，共做 4 组。

2. 基本功"顺逆缠"，20 次为 1 组，共做 4 组。

3. "前蹚拗步"动作训练 20 次。

4. 已学式子连起来打 4 遍。

十字摆莲

第二十五式　十字摆莲

第二十五式"十字摆莲"，可分解为 4 个动作来完成教学。

25—1（接上式）松沉右胯，同时左手逆缠右手顺缠向右走一个小圈。接着，盆骨左转捆左膝，带动身体右转，同时变左手顺缠右手逆缠走弧线至胸前。右脚以跟为轴脚尖外摆 135°，右膝前捆与脚尖相合，目视左前方。

要点

用两脚逆缠带动盆骨运转和重心转换。

实战法

上挑拁法。若敌方一拳向我打来，我用右手从敌臂外侧接手，逆缠翻掌抓住敌方手腕，左手放于敌肘部弧线上挑，两手一个合力擒拿或折伤敌肘关节。属于掤拁之劲。

25—2 松沉左髋，右脚落地踏实，重心移于右脚，掤提左脚向左侧铲出一步，脚跟落地脚尖上翘。同时，左手顺缠右手逆缠配合步法，虚领顶劲，目视左前方。

关键
手与脚的劲力相通相合，意在手与脚上的拮抗力。

关键
手与脚的劲力相通相合，意在手与脚上的拮抗力。

要点

移重心和掤提左脚，要有一种被右脚劲力拉过去的意识。

实战法

敌方一拳打来，我两手抓住他的手臂下捋，用左脚蹬踩敌方膝盖以下部位。属于掤捋之劲。

25—3 松沉右髋，盆骨左转，左脚内扣里合踏实，膝盖前掤，右脚大趾着地走后弧线点于左脚旁。同时，右手顺缠左手逆缠，两手相交抱于胸前，右手在抱合时逆缠翻掌，置于左大臂下方，掌心向外。身体继续下沉，呈半蹲状，目视右前方。

要点

右脚大趾着地走后弧线，要有一种被左脚逆缠里合的劲力拉过来的意识。两手相抱要沉肘前掤。

实战法

敌双掌向我胸部推来，我两手相交由上往下拦截，迅速变右拳击打敌肋部或用双掌合击敌左右双耳。属于挒捌之劲。

25—4 右手在左肘下顺缠走一个小圈，随之右脚由下向上弧线外摆，左手掌拍击右脚背，目视前方。

十字摆莲技击法

要点

左手掌拍击右脚背时要有手脚"对撞"的意识，感受支撑脚的内在拮抗力。

实战法

摆莲脚在武术中，一般是为了训练上下肢的左右扭力，常见于别腿摔。若敌方一拳打来，我用右手从外侧接手抓住下捋，同时右脚放到敌方脚后，左手在敌方胸部或颈部与脚一个合力，把敌方摔倒在地。属于捋捌挤按左右之劲。

点拨提高

∨ 两手相合于胸前向外掤时，注意是右手放在左手的大臂下，左手放在右手的大臂上。右手在左大臂下走一个小圈，然后右脚由下至上弧线外摆，脚背与左手相合于空中。

错误纠正

● 动作一招一式，不能含糊不清，一带而过，动小臂就是动小臂，要清清楚楚。注意两手要有涨力，四肢劲力要通。

训练功课

　　1. 基本功"肘胯同屈同伸"，左右为 1 次，20 次为 1 组，共做 4 组。

　　2. 基本功"顺逆缠"，20 次为 1 组，共做 4 组。

　　3. "十字摆莲"动作训练 20 次。

　　4. 已学式子连起来打 4 遍。

第二十六式　当头炮

当头炮

　　第二十六式"当头炮"，可分解为 2 个动作来完成教学。

26—1（接上式）右脚震脚落地，随之掤提左脚横跨一步。同时，两掌变拳经右后走上弧线，向左前方折腕掤出，目视左前方。

要点

左脚掤提时，要有一种被右脚脚趾抓提起来的意识。
两拳向前掤出时，要有顶肘内卷的意识。

实战法

敌方一拳向我打来，我用右手从外侧接手右捋，同时
提左膝撞击敌方大腿或肝部。随之，双拳用捌劲打击敌面
部。属于捋捌之劲。

26—2 松沉右胯的同时，两拳走下弧线经腹前，变上弧线
向左前方掤出。左手横拳右手直拳，右手拳面与左
手拳心相对，重心六成在右，目视左前方。

要点

左髋右胯配合两拳弧线运转。

实战法

这是一个快打技法。敌方一拳打来，我左手格挡，同时右手击打敌方胸部。也可以用作靠法，敌方一拳打来，我右手抓住敌方手腕，用肩靠。属于掤捋采靠之劲。

当头炮技击法

关键

手与脚的劲力相通相合，意在手与脚上的拮抗力。

训练功课

1. 基本功"肘胯同屈同伸"，左右为 1 次，20 次为 1 组，共做 4 组。

2. 基本功"顺逆缠"，20 次为 1 组，共做 4 组。

3. "当头炮"动作训练 20 次。

4. 已学式子连起来打 4 遍。

金刚捣碓

第二十七式　金刚捣碓

第二十七式"金刚捣碓"，可分解为 2 个动作来完成教学。

27-1（接上式）松沉右胯掤右膝，随之左脚尖外摆 90°
落地踏实，同时带动左拳外分变掌逆缠，走后弧线
经左耳下找右臂相合；右拳逆缠后变掌顺缠，走下
弧线在胸前掤起，右脚随右手前掤向前点出成虚
步，大趾合地。左手合于右小臂上，右手置于右膝
前上方，手心向上，目视前方。

要点

两手走弧线要锁肩顶肘，右脚上步要有一种被右手带
起来的意识，右脚趾与左脚有相合之意。

实战法

这个动作有几个技击用途。若敌方一拳打来，我用左手下格，右拳击打敌方胸腹。右手走下弧线前捋是一个擒拿技法，我左手抓住敌方手臂，右手从敌方手臂内侧接手，往外一个缠绕里合，使敌方肘关节受伤。属于掤捋采捌之劲。

27—2 松沉左胯掤左膝，掤提右脚，同时右手沉肘卷指成拳上提，左手顺缠带动尺骨桡骨落至腹前。随之，右拳顺缠带动尺骨桡骨弧线下落，找左手心相合，右脚同步落地踏实，目视前方。

要点

在手合、脚踏的同时，下肢下沉上肢上拔，形成上下对拉，一气呵成，劲力含而不丢。

实战法

敌方一拳打来，我用左手由上往下拦截，同时用右拳击打敌方下颌；若被敌方躲过，我右拳顺势向前连击。另外，提膝是为了保护自己，千万不要认为提膝总是撞人的。属于掤捋挤捌之劲。

点拨提高

√ 传统金刚捣碓都采用震脚动作，本书中要求两脚两手上下对拔，劲力含而不丢，使拳架充满球体感，所以无震脚动作。两种方式习练者可自行选择。

√ 关注球体感与两手两脚的拮抗力，手上、脚上有了拮抗力才构成手弓与腿弓，两者相加与虚领顶劲就是身弓。

训练功课

　　1. 基本功"肘胯同屈同伸"，左右为 1 次，20 次为 1 组，共做 4 组。

　　2. 基本功"顺逆缠"，20 次为 1 组，共做 4 组。

　　3. "金刚捣碓"动作训练 20 次。

　　4. 已学式子连起来打 4 遍。

第二十八式　收势

收势

"收势"是本书中训练载体 28 式拳架的最后一式。本拳架只是讲述了太极拳的一种规范训练方式，拳中的内在劲力与体悟仅点到为止，因为明理下的规范训练才是进阶的基础。

28-1（接上式）两手外分，指尖相对，逆缠走上弧线经胸前下按，至小腹后分贴于两大腿外侧。同时，收左脚并步于右脚。闭目 1 分钟然后咽下唾液，睁开眼睛，收功。

要点

上身挺直，虚领顶劲，全身放松收功。

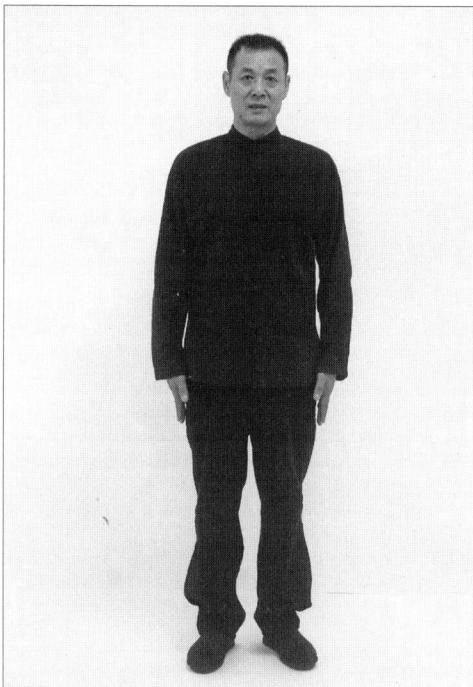

训练问诊

1. 手与脚怎样配合？

答：我一直强调，练拳时两脚与两手要相互呼应，劲力必须贯穿。脚底、脚趾虽然只是意识上的微动，但它指挥着手的一招一式。两手两脚是同步的，但必须劲从脚起。

神气、神意与内在力量的同步均衡是高度的协调与贯穿。练拳走架时，全身贯穿的拮抗力（争力）自始至终保持 10 千克，不要一忽儿 10 千克一忽儿 9 千克，其目的就是训练内在的劲力均衡。我把"手上的功夫脚上练"放在最后一章，就是为了在外形规范的基础上训练内在的均衡，而均衡的要点就在两手两脚上。在肢体的训练规矩还未养成时，只要求在拳架训练中手与脚有个呼应，不要把脚丢了，培养手脚互动意识就可以了，等肢体训练规矩养成后，上面所言自然明了。

2. 劲意先于手，才能保持掤劲不丢吗？

答：不对。理论上所有的劲力都是脚上发出来的，通过骨架的传递到胯的分配，再到肘、到手。现实中劲力的传递是瞬间的，可以说是同步的，劲力贯穿到全身其实只需要一个意念。但有一点可以肯定，脚上的劲力是不能丢的。

"掤"的重点是肢体结构框架，是武力的基础，太极拳被称为"掤"拳，也因为它是以肢体运动结构为要的拳法，只有严格按肢体的运动规矩训练，才能去其"拙力"，得其筋骨之劲。所以意不是先于手，而是先于脚与肘。因为从脚底到肘是"武"的范畴，而肘到手是"术"的范畴，"术"需要"武"作基础。手上劲力一定是从肘传递来的，如果丢了肘劲而仅仅用手上的力，一遇到大力的对手就会立马变形"起肩"而处于下风。"梢节领劲"的前提是劲达肘部，如果肘上没劲，手就什么都不是。至于如何在练拳时保持掤劲不丢，记住一句话：劲力在均衡中"含而不发"。

3. 什么叫"动哪儿就动哪儿"？

答："动哪儿就动哪儿"是为了培养学员的内在劲力

而埋下的伏笔。我们的本能行为习惯是遇到大力的对手，就马上产生对抗而扭在一起。"动哪儿就动哪儿"训练的是在对抗中局部断开的技能，也就是说用一部分力量阻击，另一部分力量去包抄，两股力量合一以完成克敌目的。这是太极拳的高层面技术，传说中的"一羽不能加"也是这个道理。

"动哪儿就动哪儿"所培养的是意识技术，要求掌握内在劲力在贯穿中断开的技能。比如脚上发出的力量，通过"胯"分配后贯穿到肘，再传到手指，在这个过程中，膝盖以下和膝到肘关节这两节劲力不能丢，要一直贯穿，这两节是"武"的组成部分；而肘关节到手指是"术"的主要施展区域，这一节在施展技术时须在贯穿中断开，在"武"不丢的状态下断开，这叫"动哪儿就动哪儿"，目的是尽量使支点前移，缩短力臂，以增强劲力的发挥。

4. 如何尽快找到让周身像充满气的皮球的感觉？

答：太极拳被称为内家拳，必定有它的拳法特性存在。前人讲过，太极拳如同一个"炸药桶"，王宗岳在拳论中形容太极拳"身如车轮"，由此可见练太极拳要劲达四肢。那么如何做到劲达四肢呢？比如一个皮球，长期气不足就容易老化，使用寿命也不会很长，经常充气放气才会增强韧性。人体的肌肉、血管、脏腑也一样，需要胀胀松松的训练才会更具生命力。

练太极拳时，从手指到脚趾的小关节都是拉开的，拉开就有了膨胀，气血也就通了，血管持久保持弹性，不会变细硬化，这就是对身体最好的锻炼。如果你没有像充满气的皮球那样去练太极拳，盲目追求自然、放松，恐怕你练了一辈子仍是一场空。

具体来说是什么感觉呢？就是一种拮抗力（二争力），你练拳时要感觉整个人的所有的关节都没有空隙，肩、肘、膝等固定关节锁紧，其余关节拉伸、膨胀、旋转都没有缝隙，做到关节之间充满矛盾，也就拥拉到位了。如何尽快找到这种感觉？那就是肘定位，膝定位，身往上拔，脚上立地生根，上肢锁肩顶肘。当然，这只是锻炼的过程，等练熟了用于技击时，在放松状态下只需一个意念涨劲就出来了。如果你长期在这样充满涨力的状态下训练，不仅身心得到健康，太极拳的刚柔劲力也会得到升华。

5. 在身体快速旋转或发劲时，脚跟可以蹬地吗？

答：身体快速旋转，当然需要蹬地。但在打击发劲时，蹬地只是一种发力模式。蹬的目的是产生地面反作用力，蹬脚扭胯发力，无论是传统武术习练者，还是现代拳击、散打格斗习练者，都使用这种发力模式。

但是，蹬地扭胯发力有一些缺点。一是这种打击并不锐利，二是它把全身力量都发出去了，三是它破坏了内在骨架的多处拮抗力。形意拳前辈尚云祥曾说过，现代人不会发力，一拳下去，把所有力量都发出去，应该是含着一部分力不发。所以练拳时要含而不发，就是涨力不丢，有了涨力肢体结构就不被破坏。内家外家的区别就在这儿，外家多是肌肉力，内家多是筋骨力。不要以为筋骨力冲量小，打在人体上足够了。所以蹬地发力，并不是高级发力，也不应该是太极拳习练者追求的最终发力模式。

6. 什么是断劲，与肘胯折叠角度有无关系？

答：断劲与肘胯折叠角度当然有关系。断劲是一种内在的状态，内在的劲力是由脚底发起的。经过两脚的逆缠，脚底发出的力必须是一种合力。但是通常情况下，人的本能总是直接用手或者用肘发力，并没有与脚发出的劲力互动，或者小臂与大臂、大腿与小腿的夹角小于90°，都会产生断劲。说白了，丢了手弓、腿弓，并没有与脚发出的劲力互动，身弓就是断劲的状况。它的缺陷是不能单手连击，即使连击第二次的打击力也很小。肘胯同伸同屈就是为了不断劲，把人体三节连接起来，产生多点多方向的劲力。

7. 练拳意识是放在手上还是放在肘上？

答：练拳意识是随训练阶段而改变的，最后的意识是放在手上和脚上。前期的训练过程中，意识最好放在肘上和膝上，先强化肘膝两个固定关节的意识，为骨架拮抗力打基础。意识放在肘上，可能会有僵硬之感，原因是没有按"骨紧肉松"的要求来练，"骨架是车辆，肌肉是乘客"，撑开骨架忘了肌肉就会不僵了。练拳意识是一步步逐渐突破的训练思维，对武术训练的进阶非常重要。

8. 练拳时速度快慢有无关系？

答：当然有关系。太极拳行拳走架的速度快慢不是取决于动作，而是由脚底发出的内在劲力的贯穿和变化来决定的。所以太极拳要求慢练，体会每个关节的灵活与固定，从脚上发出的力量上传到膝，要想到膝关节是固定关节，不能乱晃，腿上的缠丝与拮抗力要出来；传到肩关节，要想到肩关节是"黄金三角"的连接点，不能断开，虚领顶劲，手臂上的拮抗力要出来。所以，练拳的快慢取决于劲力怎样贯穿，如何使劲力均衡，当把这些都练到位，自然是越快越好。

太极拳并不是越慢越好，所有的拳法都是越快越好，只是如果你掌握不了内在的劲力，快了就难以节节贯穿。所以要树立一个意识，慢是有内容的慢。所以我说太极拳是最高境界的健身术和格斗术，因为每个关节都能练到，这就叫一动无有不动。

9. 在练习拳架时，手和脚是一直在顺缠与逆缠吗？

答：是的。脚与手随着拳式的运行与变化，一直以顺逆缠相配合。顺逆缠是为了节节分家，如果手上没有顺逆缠，那么小臂到手就不可能分家，也很容易带动大臂一起晃，手腕的灵活性和尺骨桡骨的转动，就得不到实质性的训练，力量只能散布在小臂和手掌，达不到指尖。所以"节节分家"是为"节节贯穿"服务的，而顺逆缠是为"节节分家"服务的。脚上也是同样的道理，顺逆缠的最终目的，就是要把一招一式的劲力贯穿到手上脚上去。

10. 所有的基本功每天都必须要练吗？还是阶段性侧重某一项？

答：基本功是为拳架服务的。我认为随着拳架的练习进度，阶段性侧重某一项基本功比较合理。至于你想让某项基本功成为特长与优势，还是因人而异。对手上基本功感兴趣的，就多练顺逆缠、手臂折叠，并把它融入拳架中去；对整体协调感兴趣的，可以把肘胯同屈同伸作为重点练习；有些人喜欢脚上功夫，那就重点练立地生根。当然，基本功练到深层也是一通百通的。

11. 太极拳在格斗中如何应用？

答：练与用是分不开的，只有练用结合才能更快地提高技术战术。无惧地迎上、寻找或制造不合拍的节奏、连续地化解、攻击转换，这些都是太极拳的技战术特色。要以平时练就的逆向思维指导下的技术动作迷惑对手，身法、折叠、左右、上下；要变速，应战之时突然加速，使对手未能及时反应而露出空隙；当对手力加于我身时，或引进或反弹，同时发劲与敌薄弱处"对撞"，可一招制敌。太极拳在战术上是"骗术"，是"四两拨千斤"与"千斤打四两"互换的搏击方式。

12. 太极拳作为一种独特的拳种有哪些特色？

太极拳的肢体运行轨迹是弧形的，其劲力是具有六个方向的"复合力"，前后、左右、上下，即球体的圆。有的动作轨迹虽然也是圆弧，但只有四个方向，这样的力不能构成"复合力"。一对方向的力，比如前后、左右、上下，这样的力产生的劲叫直劲，威胁不大，严格地讲它不属于太极拳的劲别范畴。四个方向的力能够形成弧线运动，但对方的大脑可以做出判断，肢体的本能反应可以跟上你，随上你，威胁也不是很大。只有六个方向的圆弧运动，即立体的圆才能使对方对你的运动方向无从判断，这是太极拳有别于其他拳种的精妙之处。

所以练习太极拳一定要注意，每个动作、每个转换都必须有六个方向的力，否则在实战中就不管用。太极拳是踢打摔拿综合的格斗术，它看起来很软弱，但搏击起来很强大；它看起来不进攻，其实处处在进攻，而且是很科学、省力的进攻。太极拳打击时距离打击对象极短，只不过肘胯两关节那么一沉而已。

后　记

　　写这本书的时候，一招一式的动作如何写、以什么切入点来写，我考虑了很久。很多人在习练太极拳的时候，是以手上的动作去带动身体运动，这种训练其实是人的本能行为习惯，导致上肢和下肢不匹配，这个不匹配既有动作上的，也有内在劲力上的。正因为这样的一种练拳方式，导致习练者把"胯"丢了。

　　我每每碰到太极同道，谈论最多的也是"胯"如何练这个问题。如果对"胯"没有正确的了解和训练，不仅在武术上是一种缺陷，还会使身体的关节，尤其是腰椎与膝盖产生伤痛，这就违背了锻炼的初心。"胯"是上肢与下肢连接的地方，要达到上下肢体协调与运动规范，必须有一个连接点，这个连接点就是"胯"的运转。"胯"的连接使上下肢体力量整合，再加上肩臂合一，整个肢体的上下左右就全都连起来。所以要说这本书的重中之重，就是希望习练者能够明白什么叫"胯"和如何训练"胯"，以及如何用合理的肢体训练规矩来锻炼。

　　在古代，传统武术是杀人技，是老祖宗用鲜血与生命凝聚而成的。随着社会的进步，武术的搏杀功能日渐式微，演变成一种包含"仁、义、礼、智、信"精神的传统文化。传统武术在传承过程中，历来有一条很严厉的规矩叫"不恃艺妄为，不恃强凌弱"；而现代格斗的核心就是把对方打倒、打败。虽然都是武文化，但在价值观认知层面上是完全不一样的。譬如说，在现代格斗的竞技擂台上，打败或者打倒对手是胜者的荣耀，而在传统武术中，如果你一次次地与人打斗，不论胜败都会为人所不齿，被说成是武德败坏。一个是开放式的，一个是压制式的，这就是传统武术与现代格斗习练者理念上的区别。

说到搏击，就离不开速度、力度和硬度。我们都知道，关节韧性和关节力矩决定了速度，如何训练关节，老祖宗早就为我们留下了"节节分家、节节贯穿"的训练要诀；决定力度的是运动结构，按照肢体的训练规矩得到的力度并不是单一的，而是一种复合的力量，可以大大增加击打力和抗击打力；至于硬度，骨架局部硬度可以在节节分家、局部贯穿的状态下拍击外物来提升，但是物质都有抗压极限，如果你能达到击打在石块或木头上手不肿痛，我觉得击打硬度已经足够了。速度、力度、硬度，在传统武术中有特殊的训练方式，与现代格斗是两套不同的模式，在训练思维上也是两种模式。太极拳格斗训练的第一要素不是主动攻击，而是如何保持自己的肢体结构平衡，不被对手冲垮。太极格斗的第一要素是"寻找或制造一个不合拍的节奏"，它建立在精通防守的基础上。训练防守需要肢体的规范，也就是肢体框架结构的形成。只有正确地理解肢体运动结构，才是你永恒的功力，正如《拳论》所曰："察四两拨千斤之句，显非力胜；观耄耋能御众之形，快何能为。"

当然，武术是一个修炼的过程，既要炼出"煞气"，又要引导自身灭去"煞气"，从而达到对立统一的境界。经过长期的"外炼内修、助长消灭"的磨炼，筋骨、内心及思维均得到与众不同的升华，从而使习练者达到阴阳平衡而健身强智之目的。

太极如禅，修者无数，达者寥寥。

谨以此书献给热爱太极拳的人们。

人文武术精品书系
北京科学技术出版社

武学名家典籍丛书

杨澄甫武学辑注　定价：178 元
杨澄甫 著　邵奇青 校注
《太极拳使用法》
《太极拳体用全书》

孙禄堂武学集注　定价：288 元
孙禄堂 著　孙婉容 校注
《形意拳学》　《八卦拳学》
《太极拳学》　《八卦剑学》
《拳意述真》

陈微明武学辑注　定价：218 元
陈微明 著　二水居士 校注
《太极拳术》　《太极剑》
《太极答问》

薛颠武学辑注　定价：358 元
薛 颠 著　王银辉 校注
《形意拳术讲义上编》
《形意拳术讲义下编》
《象形拳法真诠》
《灵空禅师点穴秘诀》

陈鑫陈氏太极拳图说（配光盘）
　　　　　定价：358 元
陈 鑫 著
陈东山　陈晓龙　陈向武　校注

李存义武学辑注　定价：268 元
李存义 著
阎伯群　李洪钟 校注
《岳氏意拳五行精义》
《岳氏意拳十二形精义》
《三十六剑谱》

董英杰太极拳释义　定价：98 元
董英杰 著　杨志英 校注

刘殿琛形意拳术抉微
　　　　　定价：80 元
刘殿琛 著　王银辉 校注

李剑秋形意拳术　定价：89 元
李剑秋 著　王银辉 校注

许禹生武学辑注　定价：194 元
许禹生 著　唐才良 校注
《太极拳势图解》《陈式太极拳第五
路 少林十二式》

张占魁形意武术教科书

定价：98 元

张占魁　著
王银辉　吴占良　校注

王宗岳太极拳论　　定价：50 元
李亦畬　著　二水居士　校注

太极功源流支派论　定价：68 元
宋书铭　著　二水居士　校注

太极法说　　　　定价：65 元
二水居士　校注

手战之道　　　　定价：65 元
赵　晔　沈一贯　唐顺之
何良臣　戚继光　黄百家
黄宗羲　著
王小兵　校注

张策传杨班侯太极拳 108 式
（配光盘）　　　定价：48 元
张　喆　著　韩宝顺　整理

河南心意六合拳
（配光盘）　　　定价：79 元
李洳波　李建鹏　著

形意八卦拳　　　定价：52 元
贾保寿　著　武大伟　整理

王映海传戴氏心意拳精要
（配光盘）　　　定价：198 元
王映海　口述　王喜成　主编

张鸿庆传形意拳练用法释秘
　　　　　　　定价：69 元
邵义会　著

华岳心意六合八法拳
　　　　　　　定价：65 元
张长信　著

戴氏心意拳功理秘技
　　　　　　　定价：68 元
王　毅　编著

传统吴氏太极拳入门诀要（配光盘）
　　　　　　　定价：68 元
张全亮　著

尚济形意拳练法打法实践
　　　　　　　定价：89 元
马保国　马晓阳　著

拳疗百病——39 式杨氏养生太极拳
（配光盘）　　定价：96 元
戈金刚　戈美薇　著

非视觉太极——太极拳劲意图解
　　　　　　　定价：158 元
万周迎　著

轻敲太极门——太极拳理法与势法
　　　　　　　定价：108 元
万周迎　著

冯志强混元太极拳 48 式
　　　　　　　定价：75 元
冯志强　编著
冯秀芳　冯秀茜　助编

刘晚苍传内家功夫与手抄老谱
　　　　　　　定价：98 元
刘晚苍　刘光鼎　刘培俊　著

赵堡太极拳拳理拳法秘笈
　　　　　　　定价：126 元
王海洲　著

京东程式八卦掌
　　　　　　　定价：78 元
奎恩凤　著

守洞尘技　　　　定价：108 元
崔虎刚　校注

通臂拳　　　　　定价：66 元
崔虎刚　校注

心一拳术　　　　定价：158 元
李泰慧　著　崔虎刚　校注

少林论郭氏八翻拳　定价：69 元
崔虎刚　校注

拳谱志三　　　　定价：68 元
崔虎刚　校注

少林秘诀　　　　定价：160 元
崔虎刚　校注

拳法总论　　　　定价：75 元
崔虎刚　校注

少林拳法总论　　定价：79 元
崔虎刚　校注

母子拳　　　　　定价：65 元
崔虎刚　校注